今すぐ行きたい!
北海道のサウナ

北海道新聞社

Column NEW OPEN!

小樽に爆誕!エレガント渡会氏が監修!
SAUNA Otaru arch
サウナオタルアーチ
の魅力を徹底解剖!

「小樽」をテーマにした新しいサウナ施設が2024年9月、小樽・朝里川温泉に誕生した。エレガント渡会氏が全面プロデュースした〝究極の小樽サウナ〟の全容とは。(新目七恵)

エレガント渡会氏インタビューもP.130にあり!

「SAUNA Otaru arch(サウナオタルアーチ)」は、小樽2店舗、札幌・江別に各1店舗、計4店舗の日帰り温浴施設を展開する天然温泉「湯の花」グループの新会社が建設した。

施設を貫くキーワードは「小樽愛」と「サウナ愛」。小樽で生まれ育った同グループ総マネージャーの橋本喜生子さんと、同グループ顧問で人気熱波師であるエレガント渡会さんが抱くその2つの愛が、外壁からエントランス、サウナ設備、フードやドリンクメニューに至るまで、そこここに詰め込まれている。

サウナ室はコンセプトもストーブの種類も異なる4種。水風呂も水温やデザインのさまざまな4種。ジャグジーや外気浴テラスもあり、組み合わせ方でサウナの愉しみは幾通りにも広がるだろう。

道内ではまだ少ない「水着着用で男女共有」の屋内施設なのも特徴。体の線をカバーするオリジナル水着や着心地の良いサウナローブ(有料レンタル)も用意するなど、女性向けサービスが充実しているのも大きな魅力だ。

小樽唯一の温泉郷に生まれたこの場所が、その名の通り、道内外のサウナ愛好者と小樽をつなぐ〝懸け橋〟となり、北海道のサウナ文化をますます盛り上げてくれる予感。まずは自分の目で、肌で、新サウナに込められたたくさんの愛を思いっきり体感してほしい。

サウナ「オタモイ –Otamoi–」

オタモイとは小樽市北部の地名で、断崖絶壁が続く海岸の「青い洞窟」が秘境スポットとして知られる。この「青い洞窟」をイメージした神秘的な照明の中、静かにじっくり瞑想できる寝サウナが堪能できる。というわけで、ここだけは会話禁止。驚きなのは、ベッド4台に、フィンランド発の人気ブランド・ハルビア社の最新ストーブ3台（ヒーター全体から蒸気が上がる「スピリット9」2台、スタイリッシュな「シリンドロプロ6」1台）という豪華さ。どこに座ってもセルフロウリュできるので、自分のタイミングで熱を感じたい。室温は75〜80℃、スツール3台含め、定員7人。

サウナ「朝里 –Asari–」

正面大窓の下に鎮座する2台のストーブは、エストニア・フーム社の電気ヒーター「ハイブ15」。同社の薪ストーブは導入事例があるが、電気式は日本初だとか。セルフロウリュOKにつき、「がんがんロウリュして発汗を楽しんで！」とエレガント渡会さん。ゆったりとした造りで、大窓から美しい山と庭園を見渡すことができるのも特長。70〜75℃。定員14人。

サウナ「色内 –Ironai–」

小樽のレンガ造り倉庫をモチーフとした、ステップ付き3段ベンチのサウナ室。天井近くの高温蒸気をダクトとファンで床面近くに送り、足元の空気と混ぜ合わせる特許技術・空気循環システムを完備したエストニア・サウナム社「ラグジュアリー」を道内初導入。設定室温は90〜95℃だが、オートロウリュ＆レンガ壁の輻射熱で最熱を味わえる。定員13人。

サウナ「手宮-Temiya-」

　女性更衣室から直行できるサウナ室。目を引くのは、室内の水風呂！1人用の壺湯型水風呂には15〜20℃の地下水が満ち、「温かい上面の水と、しっかり冷えた水を同時に味わう新感覚が楽しめます」（エレガント渡会氏）。さらに、上からミストが降る仕掛けも。ストーブは重厚感ある見た目と迫力あるセルフロウリュが楽しめるハルビア社の代表モデル「レジェンド15」。ちなみに壺は、姉妹グループ・天然温泉湯の花・手宮殿（小樽）から持ち込んだもの。80〜85℃。貸切時はウィスキングが可能。定員6人。

水風呂

「さきゅんチャンス」と書かれた頭に冷水が落ちてくる特設ボタンがなんと3つ設置され、「朝里ダム」（小樽唯一のダムで観光名所）と呼ばれる水風呂スペース。オモシロポイントはもう一つ。水風呂の深さが1111mmなのは、「思い切って、数字もととのえました（笑）」とエレガント渡会氏。小樽愛とサウナ愛が融合した遊び心が楽しい。

パティオ（中庭）と水風呂2種

小樽運河をモチーフにしたパティオ（中庭）には、外気浴スペースにつながる橋で仕切られた2つの水風呂が。右側はマイルドな水温22℃、左側はチラーでシングル7℃のキンキン設定。2種の水風呂で冷冷浴も満喫できる。

ジャグジー

サウナの前後に体を温めることができるジャグジーも完備。

外気浴スペース

目の前に山の緑が広がり、噴水でマイナスイオン効果もアップ。夜は星を眺めながら寛げる。

フード&ドリンク

水着のままでも利用OKのカフェコーナーでは、「エレガントオロポ」などオリジナルのサウナドリンクや地元食材などを使ったフードを提供。サウナ室がテーマのノンアルドリンクも。

ここも小樽愛ポイント!

オリジナルの水着(レンタル男女各1,000円)とサウナローブ(同1,500円)は、小樽ゆかりの瀬戸姉妹(アパレルデザイナーの姉・純子さん、テキスタイルデザインなどを手掛ける妹・玲子さん)がプロデュース。

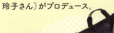

各サウナ室・エントランスのBGMは小樽市在住のシンガーソングライター・滝沢朋恵さんの書き下ろし!

小樽の重要文化財をモチーフにしたエントランスに掲げられたランプは、小樽の老舗・北一硝子製作。

「私の愛する小樽のエッセンスを随所に散りばめた、この場所でしか成立しないこだわりの"小樽サウナ"を作りました。川のせせらぎ、鳥のさえずりを聞きながら、自然と一体となる極上の時間をお過ごしいただきたいです」

株式会社Otaru arch
代表取締役
天然温泉「湯の花」グループ
総マネージャー
橋本喜生子さん

SAUNA Otaru arch
サウナオタルアーチ

- 小樽市新光5丁目12-25(小樽天然温泉湯の花 朝里殿横)
- 予約・問い合わせは 公式サイト▶https://otaru-arch.jp/
- 平日3,700円、休日4,500円(小樽市民は2割引き)、貸切もあり(3時間 平日15万円、休日20万円)
- 9:00〜22:00(利用時間は2時間30分ごとの完全予約制、定員は男性16人・女性12人)火曜定休(※火曜が祝日の場合、大型連休などは営業)
- 水着着用必須(レンタルあり)
- 施設内オールキャッシュレス導入

Column
Sauna Report

サウナ愛好家・石黒が

#ミルクサウナ
に行ってみた！

絶景サウナは北海道に数あれど、だだっ広い牧場を
ひとり占めできる贅沢なサウナは、ここだけだろう。
話題の「十勝しんむら牧場　ミルクサウナ」を、
サウナ愛好家・石黒正之が体験。
気になる施設の全貌と魅力を、詳しくお伝えする。

「これが、本当の外気浴なんだ…！」
　悠々と草を食むウシを間近に眺めながら、これまでにない開放感に私は酔いしれていた。
　ここは「ミルクサウナ」の休憩テラス。水風呂をくぐった体に、早春の風が心地よい。
　「ミルクサウナ」は2021年、上士幌町の「十勝しんむら牧場」内にオープン。日本では希少な放牧酪農に取り組むこの牧場は、もともとよく知られた存在で、「あのしんむら牧場がサウナを!?」と大きな関心を呼んだ。とはいえ、札幌から車で約4時間半（※一般道使用）の場所にあり、2時間貸し切り・2万2千円（※4人まで、要予約）という料金もあって、自分にはハードルが高かった。それが今回、念願の訪問！ 大きな期待と共に、「ととのえなかったらどうしよう…」という不安も抱きながら到着したのが、数時間前のことである。
　しんむら牧場といえば、放牧牛乳で作った「ミルクジャム」。そうした名物を焼きたてワッフルと一緒に味わえる「カフェ・クリームテラス」が敷地の一角にある。「ミルクサウナ」の受付もここ。スタッフから「サウナドリンクです」と手渡された新鮮なミルクにテンションが上がる中、車で1分という「ミルクサウナ」へと案内してもらう。

十勝しんむら牧場ミルクサウナ
とかちしんむらぼくじょうみるくさうな

- 上士幌町上音更西1線261番地
- 01564-2-3923
- JR帯広駅から車で約1時間
- サウナ22,000円　1棟貸切り（2時間制）
  サウナ時間延長は、1時間につき+11,000円最大4人まで（5人以上の場合は1人につき5,500円）
- 10時〜16時30分（最終受付14時30分）

　そこは、牧草地に隣接したエリア。どこまでも空と大地が続き、ウシたちがのんびり過ごす放牧風景を一望できる絶好のロケーションだった。

　「ミルクサウナ」はスタイリッシュな箱型の建物。なんと、海上用コンテナを活用したそう。入ってみると意外と奥行きがあり、脱衣スペースとシャワーブースの先にサウナ室が設けられていた。

　サ室でまず注目するのが、サウナストーブ。ここにあるフィンランド製の薪式サウナストーブ「Kastor（カストール）」はあまり見かけないが、燃料は道産の薪、搭載ストーンは150キロと聞き、胸が高鳴る。ベンチは2段あり、2段目は大人2人が十分寝転がれる広さ。さらに、組み立て式の3段目もあった。

　スタッフが最初の薪をくべて準備が整ったら、貸し切りタイムがスタート！いざサ室に入ると、汗ばむほどの熱気がすでに充満していた。温度は60〜70℃だそうだが、体感はそれ以上。湿度とのバランスが良いのか、息苦しさは感じない。

　そこで意気揚々とセルフロウリュしたところ、あまりの熱さにいったん退出してしまった。実は、脱衣棚にレンタルサウナハット、それも十勝発ブランド・サウナモンスターの商品もあり、大

はしゃぎで小ぶりのものを選んだのだが、ハットから出た耳が痛い。耳まで隠れる大きめサイズをかぶり直して、再入室した。

ベンチに座ると、自然と目線は窓の外へ。土曜の午後、この広い牧草地の中で、ウシたちは自由気ままに過ごしていた。何ともひどかな光景をとりとめなく眺めていると、汗がどんどん噴出。シャワールームから直結する休憩テラスへと移動した。

テラスには目隠しも柵もなく、自分とウシだけの世界にいるような錯覚に陥る。水風呂は地下150メートルからくみ上げた天然水。しかも桶は、ウシの給水用水槽！飲んでもおいしいと言われたことを思い出し、思い切ってドボンと頭まで浸かると、まろやかな冷たさが全身に沁みた。

そうしてイスに腰掛けた時の感想が、冒頭だ。空の青、草原の緑、ウシの白黒模様が目に美しい。草のざわめきや鳥の声が耳をくすぐる。牧場特有のきつい臭いがしないのは、おいしい草づくりのために長年取り組む土壌改善の成果だという。五感を刺激される外気浴の醍醐味を感じながら、この時飲んだ「サウナドリンク」（＝新鮮なミルク）のおいしかったこと！多幸感に満たされながら、時間が許す限り、サ室とテラスを往復したのは言うまでもない。

「十勝しんむら牧場」オーナーの新村浩隆さんに話を伺った。もともと「サウナに興味がなかった」という新村さんがサウナに開眼したのは2018年。ととのえ親方（※札幌出身・松尾大氏。詳細はP.146）と共に帯広・北海道ホテルのサウナを体験したところ「経験したことのない恍惚感に驚きました」。その後、サウナの魅力にどんどんハマり、牧場でテントサウナイベントを開催するなどして、この「ミルクサウナ」設置にたどり着いたという。「ここには流れる時間が違うでしょう。大自然との一体感、ゆったりした空間の良さをサウナと一緒に満喫してもらいたいんです」

聞けばこの「ミルクサウナ」は、リニューアルした2号機。初代より約3倍の長さとなり、地元の工務店と相談して作り上げたというオリジナルだった。随所のこだわりの中でも、特に目を引いたのが、セルフロウリュ。柄杓で水をストーンにかける一般的な方法に加え、ストーブから離れた入口そばの壁に、自分で水量を調整できるオート式スイッチが設けられていたのだ！あまりの楽しさに写真を撮り忘れたのが悔やまれるけれど、もし訪れることがあったら、遊び心あふれるギミックを直接確かめてもらいたい。

改めて新村さんに、サウナのどこが好きか聞いてみた。すると、「気持ち良さですね」とシンプルな答え。「外気浴はもちろん、その後の温かさや安心感もそう。サウナにマイナスのことはほとんどありません」との言葉に、大きくうなずいた。

行きの不安はどこへやら、「ミルクサウナ」からの帰り道、「次はいつ来れるかな」とワクワクする自分がいた。思い切ってコテージに宿泊するのもいいかもしれない。夕暮れ時、満天の星空、朝焼け…。どの時間も、どの季節も、素晴らしい景色を見せてくれるに違いない。

さらにもう一つ、お楽しみが。実は新村さん、ミストサウナの新設も計画中だそう！しんむら牧場、恐るべし。サウナを愛する牧場主との出会いに心から感謝した1日だった。

| Profile | サウナ愛好家　石黒正之 |

10年来通っていた近所の銭湯サウナが2022年末に閉業し、札幌市内外のサウナを巡るように。産湯（＝サウナに開眼した最初の施設）は厚別区の森林公園温泉「きよら」。ホームサウナは東区の某銭湯。湯の花をこよなく愛する。趣味はMOKUタオル集め。

今すぐ行きたい！北海道のサウナ 目次

銭湯サウナ

- さつき湯(札幌市) ― 14
- 喜楽湯(札幌市) ― 15
- 美春湯(札幌市) ― 16
- 大豊湯(札幌市) ― 17
- 望月湯(札幌市) ― 18
- 鷹の湯(札幌市) ― 19
- 藤の湯(札幌市) ― 19
- 文の湯(札幌市) ― 20
- 扇の湯(札幌市) ― 20
- 奥の湯(札幌市) ― 21
- 福の湯(札幌市北区) ― 22
- 川沿湯(札幌市) ― 22
- 松の湯(江別市) ― 23
- 朝日湯(小樽市) ― 23
- フタバ湯(旭川市) ― 24
- ニュー金の湯(旭川市) ― 26
- 金栄湯(旭川市) ― 26
- みつわ湯(旭川市) ― 27
- 菊水湯(旭川市) ― 27
- 大黒湯(旭川市) ― 28
- こがね湯(旭川市) ― 28
- 大喜湯 春採店(釧路市) ― 29
- 大喜湯 昭和店(釧路市) ― 29
- 望洋湯(釧路市) ― 30
- 鶴の湯(釧路市) ― 30
- 栄湯(釧路市) ― 31
- 幸楽湯(釧路市) ― 31
- アサヒ湯(帯広市) ― 32
- オベリベリ温泉 水光園(帯広市) ― 33
- 北美原温泉(函館市) ― 34
- にしき温泉(函館市) ― 34
- 湯らん銭(旭川市) ― 34

道央エリア

- ニコーリフレ(札幌市) ― 36
- JRタワーホテル日航札幌
  スカイリゾートスパ「プラウブラン」(札幌市) ― 37
- ホテルマイステイズプレミア札幌パーク(札幌市) ― 38
- すすきの天然温泉湯香郷(札幌市) ― 38
- GARDENS CABIN(札幌市) ― 39
- こみちの湯 ほのか(札幌市) ― 40
- プレミアホテル-CABIN-札幌(札幌市) ― 41
- ホテル・アンドルームス札幌すすきの(札幌市) ― 42
- BIZCOURT CABIN すすきの(札幌市) ― 42
- 苗穂駅前温泉蔵ノ湯(札幌市) ― 43
- 天然温泉ホテルリブマックス
  PREMIUM札幌大通公園(札幌市) ― 43
- ONSEN RYOKAN由縁 札幌(札幌市) ― 44
- ドーミーイン札幌ANNEX(札幌市) ― 45
- ドーミーインPREMIUM札幌(札幌市) ― 45
- A-SAUNA(札幌市) ― 46
- ザ・センチュリオンサウナ
  レスト＆ステイ札幌(札幌市) ― 47
- サウナコタンサッポロ(札幌市) ― 48
- 月見湯(札幌市) ― 49
- 湯けむりの丘 つきさむ温泉(札幌市) ― 50
- フミノサウナ(札幌市) ― 51
- 湯めごこち 南郷の湯(札幌市) ― 52
- こうしんの湯(札幌市) ― 52
- 湯屋・サーモン(札幌市) ― 53
- 定山渓温泉 湯の花 定山渓殿(札幌市) ― 54
- 定山渓温泉 ホテル鹿の湯(札幌市) ― 55
- 女性のための宿 翠蝶館(札幌市) ― 56
- 定山渓第一寶亭留 翠山亭(札幌市) ― 57
- 旅籠屋 定山渓商店(札幌市) ― 58
- 翠巌(札幌市) ― 59
- 定山渓 ゆらく草庵(札幌市) ― 60
- 章月グランドホテル(札幌市) ― 61
- シャトレーゼ ガトーキングダム札幌(札幌市) ― 62
- 天然温泉あしべ屯田(札幌市) ― 63
- 森林公園温泉きよら(札幌市) ― 64
- リラクゼーションスパ・アルパ(札幌市) ― 65
- 石狩天然温泉 番屋の湯(石狩市) ― 65
- 江別天然温泉 湯の花 江別殿(江別市) ― 66
- ココルクの湯(江別市) ― 66
- 恵庭温泉 ラ・フォーレ(恵庭市) ― 67
- 里の森 天然温泉 森のゆ(北広島市) ― 68
- tower eleven onsen & sauna(北広島市) ― 69
- 湖畔の宿支笏湖 丸駒温泉旅館(千歳市) ― 70
- 新千歳空港温泉(千歳市) ― 71
- 小樽天然温泉 湯の花 手宮殿(小樽市) ― 71
- 小樽天然温泉 湯の花 朝里殿(小樽市) ― 72
- 岬の湯しゃこたん(積丹町) ― 73
- ニセコ駅前温泉 綺羅乃湯(ニセコ町) ― 74
- 岩見沢温泉ほのか(岩見沢市) ― 75
- おふろcafé 星遊館(芦別市) ― 76
- 三笠天然温泉 太古の湯スパリゾート(三笠市) ― 77
- 湯の元温泉旅館(三笠市) ― 78
- ユンニの湯(仁仁町) ― 78
- 洞爺湖 鶴雅リゾート 洸の謌(壮瞥町) ― 79
- 祝いの宿 別880グランドホテル(登別市) ― 80
- きたゆざわ森のソラニワ(伊達市) ― 81
- 貸切別荘 豊水館(白老町) ― 82

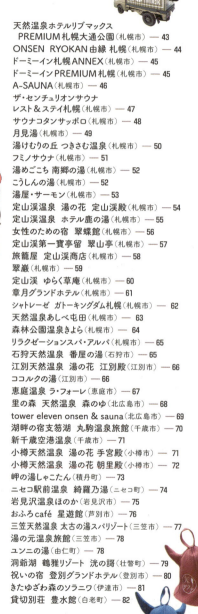

グランドブリッセンホテル定山渓(札幌市) ― 82
新琴似温泉 壱乃湯(札幌市) ― 83
ていね温泉ほのか(札幌市) ― 83
湯の郷 絢ほのか 札幌清田(札幌市) ― 83
えにわ温泉ほのか(恵庭市) ― 83
湯処ほのか(北広島市) ― 84
千歳乃湯えん(千歳市) ― 84
小樽朝里川温泉 宏楽園(小樽市) ― 84
小樽温泉オスパ(小樽市) ― 84
ホテル甘露の森(ニセコ町) ― 85
まっかり温泉(真狩村) ― 85
いわない高原ホテル(岩内町) ― 85
ゆべつのゆ(寿都町) ― 85
ドーミイン PREMIUM 小樽(小樽市) ― 86
木ニセコ(倶知安町) ― 86
いわない温泉 高島旅館(岩内町) ― 86
ピパの湯 ゆ～りん館(美唄市) ― 86
上砂川岳温泉パンケの湯(上砂川町) ― 87
イルムの湯 アグリ工房まあぶ(深川市) ― 87
ホテル ゆもと登別(登別市) ― 87
夢元 さぎり湯(登別市) ― 87
苫小牧温泉ほのか(苫小牧市) ― 88
オートリゾート苫小牧
　アルテン ゆのみの湯(苫小牧市) ― 88
なごみの湯(苫小牧市) ― 88
佐竹旅館(苫小牧市) ― 88
伊達温泉(伊達市) ― 89
登別温泉郷 滝乃家(登別市) ― 89
ホテルルートイン Grand 室蘭(室蘭市) ― 89
望楼 NOGUCHI 登別(登別市) ― 89
登別石水亭(登別市) ― 90
ザレイクビューTOYA 乃の風リゾート(洞爺湖町) ― 90
湯元 ホロホロ山荘(伊達市) ― 90
絶景の湯宿 洞爺湖畔亭(洞爺湖町) ― 90
ドーミイン東室蘭(室蘭市) ― 91
ドーミイン苫小牧(苫小牧市) ― 91
新苫小牧プリンスホテル「和～なごみ」(苫小牧市) ― 91
ルスツリゾート(留寿都村) ― 92

道南エリア

函館乃木温泉 なごみ(函館市) ― 94
花びしホテル(函館市) ― 95
函館高温源泉 湯の箱こみち(函館市) ― 96
LC 五稜郭ホテル(函館市) ― 97
湯元 花の湯(函館市) ― 97
知内温泉(知内町) ― 98
天然温泉 七重浜の湯(北斗市) ― 99
ホテル万惣(函館市) ― 100
湯元谷地頭温泉(函館市) ― 100
昭和温泉(函館市) ― 100
ホテル 雨宮館(函館市) ― 101
七飯街健康センター アップル温泉(七飯町) ― 101
ルートイングランティア函館駅前(函館市) ― 101
OMO5函館 by 星野リゾート(函館市) ― 101
望楼 NOGUCHI 函館(函館市) ― 102
HAKODATE 海峡の風(函館市) ― 102
湯元 啄木亭(函館市) ― 102
湯の浜ホテル(函館市) ― 102
ラ・ジェント・ステイ函館駅前(函館市) ― 103
湯の川プリンスホテル渚亭(函館市) ― 103
ラビスタ函館ベイ ANNEX(函館市) ― 103
ラビスタ函館ベイ(函館市) ― 103
乙部温泉 いこいの湯(乙部町) ― 104
クアプラザピリカ(今金町) ― 104
温泉ホテルきたひやま(せたな町) ― 104
温泉旅館 矢野(松前町) ― 104
うずら温泉(厚沢部町) ― 105
厚沢部町上里ふれあい交流センター(厚沢部町) ― 105
グリーンピア大沼(森町) ― 106

道北エリア

アサヒサウナ

ニュー銀座サウナ(旭川市) ― 108
SPA&SAUNA オスパー(旭川市) ― 109
和風旅館扇松園(旭川市) ― 110
高砂温泉(旭川市) ― 110
OMO7旭川 by 星野リゾート
「サウナプラトー」(旭川市) ― 112
ワイズホテル旭川駅前(旭川市) ― 112
ETANBETSU MARGINAL SAUNA
江丹別マージナルサウナ(旭川市) ― 113
キトウシの森きとろん(東川町) ― 113
せいわ温泉 ルオント(幌加内町) ― 114
スパ&ホテルリゾート
　ふらのラテール(中富良野町) ― 114
ハイランド ふらの(富良野市) ― 114
なよろ温泉 サンピラー(名寄市) ― 114
ラビスタ大雪山(東川町) ― 115
ラビスタ富良野ヒルズ(富良野市) ― 115
ドーミーイン旭川(旭川市) ― 115
朝陽亭(上川町) ― 115
ホテルルートイン Grand 旭川駅前(旭川市) ― 116
とままえ温泉 ふわっと(苫前町) ― 116
利尻富士温泉(利尻富士町) ― 116
稚内市健康増進センター稚内温泉 童夢(稚内市) ― 116
ホテルめぐま(稚内市) ― 117
ホテル WBF グランデ旭川(旭川市) ― 117
アートホテル旭川(旭川市) ― 117
稚内グランドホテル(稚内市) ― 117
新富良野プリンスホテル(富良野市) ― 118
朝陽リゾートホテル(上川町) ― 119

011

吹上温泉保養センター白銀荘〈上富良野町〉— 120
ドーミーイン稚内〈稚内市〉— 120
森の雫 RIN〈美瑛町〉— 121
碧の美 ゆゆ〈美瑛町〉— 121
森の旅亭びえい〈美瑛町〉— 121
五味温泉〈下川町〉— 121
旭川高砂台 万葉の湯〈旭川市〉— 122
東川・旭岳温泉 ホテルベアモンテ〈東川町〉— 122
杜のSPA神楽〈旭川市〉— 122

オホーツクエリア

北こぶし知床 ホテル&リゾート〈斜里町〉— 124
KIKI知床 ナチュラルリゾート〈斜里町〉— 125
マウレ山荘 ポッケの湯〈遠軽町〉— 126
ホテルルートインGrand北見駅前〈北見市〉— 126
たきのうえホテル渓谷〈滝上町〉— 127
紋別プリンスホテル〈紋別市〉— 127
ドーミーイン北見〈北見市〉— 127
ドーミーイン網走〈網走市〉— 127
美白の湯宿 大江本家〈北見市〉— 128
のんたの湯〈北見市〉— 128
ホテル網走湖荘〈網走市〉— 128
知床第一ホテル〈斜里町〉— 128
小清水温泉ふれあいセンター〈小清水町〉— 129
チューリップの湯〈湧別町〉— 129
ホテル日の出岬〈雄武町〉— 129
大空町ふれあいセンターフロックス〈大空町〉— 129

道東エリア

天然温泉 やよい乃湯〈帯広市〉— 148
十勝ガーデンズホテル〈帯広市〉— 149
5737（コンナサウナ）〈帯広市〉— 150
プレミアホテル -CABIN- 帯広〈帯広市〉— 150
ひまわり温泉〈帯広市〉— 151
ローマの泉〈帯広市〉— 151
丸美ヶ丘温泉〈音更町〉— 152
十勝川モール温泉 清寂房〈音更町〉— 153
十勝川温泉 観月苑〈音更町〉— 153
十勝エアポートスパ そら〈中札内村〉— 154
湯宿くったり温泉レイク・イン〈新得町〉— 155
ニュー阿寒ホテル〈釧路市〉— 155
天然温泉ふみぞの湯〈釧路市〉— 156
つるいむら湿原温泉ホテル〈鶴居村〉— 157
TSURUI Sauna & Cabins〈鶴居村〉— 158
湯宿だいいち〈中標津町〉— 159
屈斜路湖サウナ倶楽部〈弟子屈町〉— 160
ホテルモアン〈中標津町〉— 161
あかん遊久の里 鶴雅〈釧路市〉— 161

十勝幕別温泉 グランヴィリオホテル〈幕別町〉— 162
十勝ナウマン温泉ホテル アルコ〈幕別町〉— 162
ホテルルートイン帯広駅前〈帯広市〉— 162
ホテル大平原〈音更町〉— 162
上士幌町健康増進センター〈上士幌町〉— 163
山花温泉リフレ〈釧路市〉— 163
美肌の湯 赤いベレー〈釧路市〉— 163
川湯観光ホテル〈弟子屈町〉— 163
みどりヶ丘温泉サウナビジネスホテル〈帯広市〉— 164
中村屋〈上士幌町〉— 164
糠平館観光ホテル〈上士幌町〉— 164
笹井ホテル〈音更町〉— 164
健康ハウス 木野温泉〈音更町〉— 165
帯広リゾートホテル〈音更町〉— 165
新得町営浴場〈新得町〉— 165
晩成温泉〈大樹町〉— 165
羅臼の宿 まるみ〈羅臼町〉— 166
ドーミーイン帯広〈帯広市〉— 166
霧多布温泉ゆうゆ〈浜中町〉— 166
鶴居ノーザンビレッジ HOTEL TAITO〈鶴居村〉— 166
ラビスタ阿寒川〈釧路市〉— 167
ドーミーイン PREMIUM 釧路〈釧路市〉— 167
トーヨーグランドホテル〈中標津町〉— 167

地図 — 168

Column コラム

SAUNA Otaru arch — 2
サウナ愛好家・石黒が
＃ミルクサウナに行ってみた！— 6
Unique Sauna — 25
whisk / vihta — 111
エレガント渡会氏に聞く
　レジェンド熱波師への道 — 130
北海道の若き熱波師さん — 132
Sauna Contents — 134
Sauna Hat — 136
新・サウナ文化の発信地 — 138
Mobile Sauna — 140
Sauna Sticker — 144
TTNE — 146
Sauna Food — 175

銭湯サウナ

さつき湯
さつきゆ

　札幌・円山エリアにある昔ながらの公衆浴場。サウナは乾式で、じっくり蒸されたら、地下水を使ったバイブラ付きの水風呂ですっきり爽快感を味わおう。主浴槽は熱めの流れ風呂。奥の超音波風呂に隣接したバイブラ風呂は寝湯タイプでキンキンに冷えた水枕が設けられ、サウナ前後にのんびりくつろげるお勧めポジション。

　脱衣所には横尾忠則作の銭湯ポスター、椅子が多めのロビーの古本と、町銭湯の歴史が漂うのも魅力。（新目）

🏠 札幌市中央区北5条西24丁目3-11
📞 011-631-5788
📍 地下鉄西28丁目駅から徒歩9分
💴 大人500円、中人150円、小人80円
🕐 14時30分〜22時、火曜・金曜定休

喜楽湯
きらくゆ

　地下鉄西11丁目駅から徒歩6分、ススキノの外れにある1942年（昭和17年）創業の公衆浴場。「ゆ」のネオン看板を目印に入ると、ラドン風呂や超音波風呂、流れ風呂、薬湯が楽しめる浴場へとつながる。1階のミストサウナは湿度が高くリラックス効果抜群。水風呂は1人サイズ。

　特筆すべきはもう一方のドライサウナで、なんと地下にある！ 秘密基地に入るようなワクワク感とともに、裸のまま階段を降りていこう。地下のサ室は約10人収容できる広さで、同じフロアにシャワー＆水風呂もあるのでご安心を。ロビーにラドン発生ユニットが置かれているのもユニーク。（新目）

🏠 札幌市中央区南4条西10丁目1010
📞 011-511-5617
📍 市電資生館小学校前から徒歩7分
💴 大人500円、中人150円、小人80円
🕐 11時〜20時、金曜定休

美春湯
みはるゆ

　男湯は富士山、女湯はアルプスが描かれたタイル壁画を残す希少な公衆浴場。ドライ・約90℃設定の男性サウナに比べ、女性サウナはスチームの約50℃と温度は低めだが、湿度が高く、セルフ熱波用のうちわもあるので、しっかり汗をかく。男女のサ室内に置かれたブラックシリカも存在感あり。水風呂は地下水を使用。

　主浴槽はジェットバスで、日替わり薬湯は熱め。同じ白石区にあった菊水湯（2020年閉店）のロッカーを受け継ぎ、地元保育園児のメッセージをフロントに飾るなど、地域銭湯の人情がそこここに宿る。入口別の貸し切り家族風呂も2階にあり、9室を完備。近隣には居酒屋やレトロな本郷商店街もあり、サウナ帰りに一杯飲んで帰るのもオツだ。（新目）

🏠 札幌市白石区南郷通7丁目北5-16
📞 011-864-1754
　（家族風呂 011-861-2254）
📍 地下鉄南郷7丁目駅から徒歩2分
¥ 大人500円、中人150円、小人80円
🕐 13時45分〜21時45分、家族風呂 15時〜22時、水曜定休

大豊湯
たいほうゆ

　道道864号線沿いの白い2階建て、57台分の駐車場がある1971年創業の公衆浴場。男女ともにサウナ室はレンガ造りで温かみのある雰囲気。男性は90℃、女性は75℃前後で、空気清浄のために備長炭を置き、2022年4月には床面・座面すのこを一新するなどの心配りがありがたい。そんな大豊湯サウナを熱烈応援する常連客が、約3年前に手書きの横断幕をプレゼント。男女の各脱衣所には「万歳我らサウナ党!」「万歳大好き♡サウナ党女子!」と掲げられている。

　強めの電気風呂など5つの浴槽も好評。2階は家族風呂。なお、店主・佐藤敏光さんの弟・好則さんは苫小牧沼ノ端地区唯一の銭湯を2017年に受け継ぎ、姉妹店として町銭湯の灯を守っている。（新目）

- 札幌市白石区北郷3条3丁目1-9
- 011-874-5548
- JR白石駅から徒歩12分
- 大人500円、中人150円、小人80円
- 15時〜23時30分、火曜定休

望月湯
もちづきゆ

　塩サウナが女性風呂で楽しめる珍しい公衆浴場。塩は肌触りのなめらかな瀬戸内産で、「新しいこと好き」だったという初代の故・三浦榮吉さんが厳選したものを今も使用。塩サウナ室の温度は80℃と高くはないが、「さらっとつけると効果的」（2代目・義博さん）という塩が溶けるのをじっと待っていると汗がどんどん吹き出て、シャワーで流せばすべすべ肌に。

　男女ともに設けられた高温サウナ（男100℃、女85℃）の背面にはブラックシリカが埋め込まれ、水風呂は冷たさを持続できるブクブクバイブラなど随所の仕掛けも心憎い。地下水かけ流しの熱め主浴槽に薬湯、電飾飾り付きの露天風呂コーナーまであり、流れるムード歌謡に身を任せれば、町銭湯の醍醐味を満喫できる。（新目）

- 札幌市豊平区美園5条7丁目1-8
- 011-811-1628
- 地下鉄東豊線美園駅から徒歩3分
- 大人500円、中人150円、小人80円
- 14時30分〜22時30分、火曜定休

鷹の湯
たかのゆ

　国道36号線沿い、1935年（昭和10年）創業の公衆浴場。サウナ室の設定温度が「夏83℃・冬85℃」と季節によって変わるのは、店主のこだわり。浴室は天井が高くて開放的。主浴槽は「あつめ」「ぬるめ」が用意され、交代浴も楽しめる。（石黒）

- 🏠 札幌市豊平区豊平4条7丁目1-3
- 📞 011-811-6935
- 📍 地下鉄学園前駅から徒歩10分、北海道中央バス豊平3条8丁目のバス停から徒歩1分
- 💴 大人500円、中人150円、小人80円
- 🕐 14時30分〜22時30分、水曜定休

男女とも1／ミスト／ロウリュ／ロウリュ／ととのい／外気浴

藤の湯
ふじのゆ

　1919年（大正8年）創業、札幌最古の公衆浴場。スチームサウナは50℃と低めだが、座面が熱いのでサウナマット持参を推奨。小さめ水風呂は自然にオーバーフローするので清潔感が嬉しい。主浴槽はかなり熱いが、水枕で首筋を冷やすと最高！（石黒）

- 🏠 札幌市手稲区手稲本町2条2丁目2-15
- 📞 011-681-3217
- 📍 JR手稲駅から徒歩7分
- 💴 大人500円、中人150円、小人80円
- 🕐 14時35分〜21時、月曜定休

男女とも1／ミスト／ロウリュ／ロウリュ／ととのい／外気浴

文の湯
ふみのゆ

札幌では珍しい富士山のタイル絵がある公衆浴場。スチームサウナは54～56℃。主浴槽にはブラックシリカを沈め、ラドンを張り付けるなど心憎い工夫が随所に。浴室内に流れる有線の曲は地元客の耳を楽しませている。（石黒）

🏠 札幌市西区山の手5条2丁目2-24
📞 011-621-6846
📍 地下鉄琴似駅から徒歩14分
💰 大人500円、中人150円、小人80円
🕒 15時～22時、月曜定休

扇の湯
おうぎのゆ

札幌・琴似地区で1955年に創業した公衆浴場。遠赤外線サウナは92℃。特筆すべきは水風呂の素晴らしさで、地下水が絶えずくみ上げられキリッとした冷たさ、5～6人入っても余裕ある大きさ。薬湯脇ベンチでの休憩も心地良し。（石黒）

🏠 札幌市西区琴似3条4丁目1-1
📞 011-611-6746
📍 地下鉄琴似駅から徒歩5分
💰 大人500円、中人150円、小人80円
🕒 13時40分～22時、月曜定休

奥の湯
おくのゆ

　地下鉄北34条駅・5番出口近く、オレンジレンガが目印の公衆浴場。サウナは乾式で、木の内装の一部2段型。地下水を使う水風呂は一年を通して16〜17℃に保たれ、サウナはもちろん、熱い風呂と組み合わせて温冷交代浴が楽しめる。

　浴槽は大小2つ。小さい方は超音波風呂＆薬湯で、春はよもぎ湯、夏は桃湯、秋はラベンダー湯、冬は晩白柚湯といった季節感のある入浴剤を週替わりで使い、常連客に大人気。湯は薪で沸かしているため肌触りがやわらかく、塩素が少ないのでアトピー性皮膚炎でも気軽に入れると好評。若き3代目・古名智亮さんは健康体操など銭湯＋αの楽しみを提案し、1965年から続く老舗銭湯ののれんをしっかり守る。（新目）

🏠 札幌市北区北31条西3丁目4-15
📞 011-726-1813
📍 地下鉄北34条駅から徒歩1分
💴 大人500円、小人150円、幼児80円
🕑 14時45分〜22時45分、水曜のみ13時〜、金曜定休

福の湯（札幌市北区）
ふくのゆ

　JR新琴似駅から徒歩10分、1971年創業の公衆浴場。スチームサウナは50℃と体に優しい温度設定。ラドン湯空間に置かれたベンチでひと息つこう。開店直後の主浴槽は驚きの熱さなので気をつけて。先客に一声かけて差し水を。（石黒）

- 🏠 札幌市北区新琴似7条6丁目6-1
- 📞 011-761-5097
- 📍 地下鉄麻生駅から徒歩15分
- ¥ 大人500円、中人150円、小人80円
- 🕐 14時30分〜22時、月曜定休

ドライ　男女とも1　ロウリュ　ロウリュ　ととのい　外気浴

川沿湯
かわぞえゆ

　ポップグリーン色の浴槽にオレンジ色のタイル壁、丸鏡など、昭和レトロな面影が残る1961年創業の公衆浴場。ドライサウナは100℃オーバー。恐ろしくバイブラの効いた水風呂で、強烈な"羽衣剥がし"を。（石黒）

- 🏠 札幌市南区川沿4条3丁目2-1
- 📞 011-571-1704
- 📍 じょうてつバス「川沿4-3」から徒歩1分
- ¥ 大人500円、中人150円、小人80円
- 🕐 14時30分〜21時30分、月曜・木曜定休

男女とも1　ミスト　ロウリュ　ロウリュ　ととのい　外気浴

松の湯（江別市）
まつのゆ

国道12号線沿い、江別警察署真向かいにある1967年創業の公衆浴場。サウナ室は定員約3人とコンパクトだが、番台横のテレビが窓から眺められ、音声は座面下のスピーカーから聞こえるという親切設計。水風呂は飲用可！（石黒）

🏠 江別市弥生町34-16
📞 011-382-5366
📍 JR高砂駅から徒歩14分
💰 大人500円、中人150円、小人80円
🕐 14時30分〜22時、金曜定休

男女とも1　ミスト　ロウリュ　ロウリュ　ととのい　外気浴

朝日湯（小樽市）
あさひゆ

小樽の緑町・第一大通りにある1924年（大正13年）創業の銭湯。1983年に建築した現建物は脱衣場も内風呂もゆったり設計。スチームサウナやラドン風呂、九州別府マグマ温泉の入浴剤を入れたマグマ風呂も人気。（新目）

🏠 小樽市緑2丁目2-10
📞 0134-22-2604
📍 北海道中央バス「緑2丁目」から徒歩1分
💰 大人500円、中人150円、小人80円
🕐 14時〜22時、月曜定休

ドライ　男女とも1　ロウリュ　ロウリュ　ととのい　外気浴

フタバ湯
ふたばゆ

　セルフロウリュができる銭湯で、ほうじ茶と天然水の2種類から選べる。狭めのサ室は蒸気の広がりがよく、体感温度が上がる。水風呂は地下150メートルからの地下水を使用。男湯のみ"ととのいスペース"があり、毎週木曜日に女湯と入れ替える。女湯にある銭湯絵師の湯島ちょこさんが描いた、迫力ある大雪山連邦の壁絵が見どころ。木曜以外はととのいスペースがない分、広大な大雪山連峰の壁絵にホッと癒される。

　サウナ利用にはプラス100円が必要。また、サウナマットはフタバ湯指定のものを600円で購入またはレンタル（200円）が必須だ。人柄の良さが滲み出ているオーナーと素敵な笑顔で気さくな奥様。「また必ず行きたい！」と誰しもが口を揃えること間違いなし！（タカマツ）

🏠 旭川市春光7条5丁目2-22
📞 0166-53-4055
📍 道北バス「春光6条4丁目」
　 バス停から徒歩約4分
💴 大人500円、中人150円、
　 小人80円、
　 サウナは追加料金100円
🕒 15時〜23時、月曜定休

Column

Unique Sauna

サウナ×○○

北海道発のコミュニティースポーツと組み合わせたり、
全国からボランティアを集めてDIYしたり。
ローカリティを大切にしたアイデアあふれるユニークサウナをご紹介！

サウナ×パークゴルフ

幕別町発祥のパークゴルフとサウナが同時に楽しめる屋上サウナを2023年10月にオープンさせたのは「幕別温泉パークホテル悠湯館」。新設された「TYROT TERRACE（チロットテラス）」では、パークゴルフコースと共に、2種類の北欧サウナ、源泉掛け流し温泉、水風呂、内気浴、外気浴スペースを用意。男女混浴（水着着用）なので家族3世代でのんびり寛げる、幕別ならではのファミリーサウナだ。

📞 問い合わせ／幕別温泉パークホテル悠湯館
TEL：0155-56-4321

温泉と水風呂の浴槽は
隣町・池田町のワイン樽を使用

「お風呂のソムリエ」として
活動するバスリエ代表・松永武氏
プロデュース！

サウナはエストニアから
直輸入した
KAS-SAUNA
（60～70℃の中温）と
KUCHA-SAUNA
（体感100℃以上の高温）

120分・中学生以上3,300円、子供1,000円 ※小・中学生は保護者同伴、前日12時までに要予約

サウナ×DIY

サウナ小屋は
地元の道南杉を使用

八雲町の旧小学校をリノベーションした〝遊んで泊まれる学び舎〟こと「ペコレラ学舎」に、小屋サウナ「ペコレラサウナ」がオープンしたのは2023年11月のこと。「気軽に関わる方を増やしたい」「町内外の人が交わる場所を」との思いから、地元の木工職人らとプロジェクトを立ち上げ、全国から延べ20人以上のボランティアを募ってDIYで製作。キャンプ場、コワーキングスペースもあり、豊かな時間を過ごせそうだ。

📞 問い合わせ／
ペコレラ学舎 TEL：090-1230-2808

絶景サウナ小屋
×天空水風呂

基本プラン2時間3,000円～、貸切
2時間18,000円～（完全予約制）

そのまま焚火でチルして、
キャンプ泊も可能！

ニュー金の湯
にゅーかねのゆ

　開店前から常連客が並ぶほど、地元の銭湯としても人気がある銭湯だ。サ室は左右に分かれた、上下二段のスペースがあり、見下ろす位置にテレビが設置されているのが珍しい。じっくり蒸され、じわじわ発汗するドライサウナ。スッと肌に馴染む水質の水風呂で、声が出てしまうほど気持ちいい。広々とした浴室には5種類の風呂があり、サ活の〆には漢方薬湯がおすすめ。（タカマツ）

- 旭川市南1条26丁目
- 0166-31-3086
- 旭川電気軌道バス「1条25丁目」から徒歩5分
- 大人490円、中人150円、小人80円
- 14:00〜23:00、年中無休

男女とも1　ミスト　ロウリュ　ロウリュ　ととのい　外気浴

金栄湯
きんえいゆ

　旭川市一条通に1928年（昭和3年）創業の老舗銭湯がある。お店に入ると昔ながらの番台があり、古き良きレトロな雰囲気。体感温度が高く感じられるミストサウナがあり、じんわりと汗がふき出す。深めの水風呂に首まで浸かり、ゆっくり体を冷やして。湯船は2つあり、どちらも熱め。THE・昭和！なノスタルジーを感じに訪れてみては？（タカマツ）

- 旭川市1条通2丁目
- 0166-22-3766
- JR旭川駅から徒歩10分
- 大人500円、中人150円、小人80円
- 9時〜21時、木曜定休

ドライ　男女とも1　ロウリュ　ロウリュ　ととのい　外気浴

みつわ湯（旭川市）
みつわゆ

　開店から車がびっしり並ぶほど人気の1968年創業の銭湯。店主が旅先で見つけたお土産が並ぶコーナーがあり、懐かしく珍しいものばかり。収容人数7人の遠赤外線サウナでは、バスタオルをマット代わりに使うローカルルールがあるので注意が必要だ。サ室は70℃の設定だが、TVを見ながらじっくり入ると滝汗がドバドバ出てくる。（タカマツ）

- 旭川市末広5条1丁目6-11
- 0166-51-7516
- 道北バス「末広4条1丁目」から徒歩4分
- 大人500円、中人150円、小人80円
- 14時〜22時30分、水曜定休

男女とも1　ミスト　ロウリュ　ロウリュ　ととのい　外気浴

菊水湯（旭川市）
きくすいゆ

　旭川駅近くにある、長年愛され続けている銭湯。遠赤外線のサウナは入場料プラス100円で利用可能だ。サ室は上下2段で最大6人ほどがゆったり座ることができる。湿度が高めで、肌に優しく、ひりついた感じがしないと人気。サウナ横には冷たい水風呂、銭湯では珍しい露天風呂を完備。サウナ→水風呂→外気浴で、究極のととのいを体感してみて！（タカマツ）

- 旭川市6条西6丁目1-7
- 0166-22-3062
- 旭川電気軌道バス「6条西6丁目」から徒歩3分
- 大人500円、中人150円、小人80円
- 14時〜22時、金曜定休

男女とも1　ミスト　ロウリュ　セルフ　ととのい　外気浴

大黒湯
だいこくゆ

旭川三条通のやや郊外に位置する銭湯。サウナ利用は追加で100円。遠赤外線サウナ室に入ると、ラベンダーのアロマオイルがストーブ前に置かれており、適度な湿度と相まっていい香りに癒される。サ室は一段一段が広く、あぐらがかけるスペースあり。地下水を使った水風呂と露天風呂に椅子が一脚。サウナ好きがしっかり満足できる銭湯だろう。(タカマツ)

- 旭川市3条通17丁目右2
- 0166-23-1836
- JR旭川四条駅から徒歩3分
- 大人500円、中人150円、小人80円、サウナは追加料金100円
- 14時〜22時30分、不定休

男女とも1 / ミスト / ロウリュ / ロウリュ / ととのい / 外気浴

こがね湯
こがねゆ

自衛隊駐屯地から程近い住宅街の一角にある「こがね湯」。外観・内観とも昭和ノスタルジーな銭湯で、昭和30年代へタイムトリップしたような感覚になる。ここは熱気風呂が人気。温度は低く湿度が高い特徴があるが、蒸気によって体感温度は爆上がりで熱く、サウナ好きにはたまらないだろう。水風呂は地下水を汲み上げており、約17℃と冷たく気持ちがいい。(タカマツ)

- 旭川市春光5条5丁目3-3
- 0166-53-2625
- 道北バス「春光5条5丁目」から徒歩2分
- 大人500円、中人150円、小人80円
- 15時〜21時30分、火曜定休

ドライ / 男女とも1 / ロウリュ / ロウリュ / ととのい / 外気浴

大喜湯　春採店
たいきゆ　はるとりてん

　約90℃前後の広々とした遠赤外線サウナ。太陽光線と同じ波長で、日光浴とサウナのダブル効果が期待できる。約15℃と約25℃の2種類の水風呂を完備。水風呂後は、外にあるイスに座って目を閉じれば完璧にととのうだろう。大喜館の敷地内で湧出する温泉を毎日タンクローリーで運んでいるため、春採店も源泉100％。春採店のみ素泊まりできるのも魅力。（タカマツ）

🏠 釧路市春採7丁目1-45
📞 0154-46-5558
📍 JR釧路駅から車で10分
💴 大人500円、中人150円、小人80円
🕐 月〜金12時〜23時、土日6時〜24時、年中無休

男女とも1　ミスト　ロウリュ　ロウリュ　ととのい　外気浴

大喜湯　昭和店
たいきゆ　しょうわてん

　源泉100％の天然温泉施設。昭和店はセルフロウリュができるフィンランド式サウナと白樺が飾られているドライサウナを完備。女湯のフィンランド式サウナは窓がなく、熱が逃げないのでしっかり熱い。また、銭湯とは思えない大浴場が魅力だ。サウナすぐ横に水温約15℃の水風呂、露天・内湯ともにイスがあり休憩スペースも充実。サウナーに人気のイベント「熱波祭」も定期的に開催している。（タカマツ）

🏠 釧路市昭和中央5丁目11-8
📞 0154-55-5558
📍 JR釧路駅から車で14分
💴 大人500円、中人150円、小人80円
🕐 月〜金12時〜23時、土日6時〜24時、年中無休

男女とも1　ミスト　ロウリュ　ロウリュ　ととのい　外気浴

望洋湯
ぼうようゆ

興津鶴ケ岱通の細道を曲がると、閑静な住宅街の一角に望洋湯がある。昔ながらの銭湯だが、珍しく露天風呂を完備。天気が良い日には美しい星空が眺められる。遠赤外線サウナの室内は2段でゆったり広々、90℃前後の温度でテレビ付きなのも嬉しい。(タカマツ)

- 釧路市春採6-4-5
- 0154-42-6522
- JR武佐駅から車で17分
- 大人500円、中人150円、小人80円
- 12時〜23時、木曜定休

 男女とも1 ミスト ロウリュ セルフ ロウリュ ととのい 外気浴

鶴の湯（釧路市）
つるのゆ

広々とした駐車場を完備しており、大型トラックの運転手もよく利用するそう。14時開店だが、サウナの適温時間は15時から。92℃の乾式サウナは前室ありの3段サ室。小さい冷たい水風呂と広いぬるめの水風呂があり、気分や体調に合わせて選べるのが嬉しい。休憩スペースが広く、1脚だがイスがあるため、ゆっくりととのうことができる。(タカマツ)

- 釧路市星ヶ浦南3丁目4-13
- 0154-52-3975
- JR新大楽毛駅から車で6分
- 大人500円、中学生300円、小学生150円、幼児80円
- 14時〜23時、月曜定休

 男女とも1 ミスト ロウリュ ロウリュ ととのい 外気浴

栄湯（釧路市）
さかえゆ

　朝から営業している数少ない銭湯の栄湯。満点の星空を眺めながらくつろげる薬湯露天風呂や日替わり薬湯、そしてなんといってもTV付きの大型遠赤外線サウナが人気。サウナ利用時は脱衣所にあるサ室マットを使わなければいけないので注意が必要だ。96℃のサウナでは柔らかな熱と熱風でとろけそうになりつつも、水風呂との交互浴がクセになる。（タカマツ）

🏠 釧路市新栄町1-20
📞 0154-22-8960
📍 JR釧路駅から徒歩14分
¥ 大人500円、中人150円、小人80円
🕐 日曜〜木曜11時〜23時30分、
　土曜8時〜23時30分、金曜定休

幸楽湯（釧路市）
こうらくゆ

　「なかなか強烈」とサウナーに人気なのがここ。明るく広い浴場の奥にあるのが、110℃超えの遠赤外線サウナ。ストーブが燃焼し始めると、その熱さがとにかく強烈なのだ。サ室すぐ隣には、3つのシャワーを完備し、並ぶことなく汗が流せるのが嬉しい。水温17℃くらいの水風呂、浴室内に2脚のイスがある。（タカマツ）

🏠 釧路市春日町6-25
📞 0154-32-4126
📍 JR釧路駅から徒歩20分
¥ 大人500円、中人150円、小人80円
🕐 火曜〜金曜13時〜24時、
　土曜・日曜10時〜24時、月曜定休（月曜が祝日の場合、土日と同じ営業で翌日休み）

アサヒ湯
あさひゆ

　JR帯広駅から徒歩10分の住宅街に立つ温泉銭湯・アサヒ湯。浴室も浴槽も小振りだがその湯質がすごい。モール温泉の源泉が建物すぐ脇の温泉井からダイレクトに導かれ、浴槽下部の投入口から空気に一切触れない状態でたっぷりあふれる。温泉のレベルが高い故に、サウナについて語られることは少ないアサヒ湯だが、実は浴室には温泉浴槽とサウナ、水風呂が備えてある。

　素朴なサウナはドライで、3人入れば目一杯のサイズ。ベンチは2段。80℃台から90℃ほどの室温だが、小振りなだけにドアを開けると熱い空気が逃げて、室温は変動しがち。そこは小さな浴場ゆえに湯客が気遣いあう。水風呂は16℃前後だ。（小野寺）

🏠 帯広市東3条南14丁目19
📞 0155-24-1933
📍 JR帯広駅から徒歩約10分
💴 大人500円、小人150円、幼児80円
🕐 13時〜23時、日曜は6時〜10時と13時〜23時、無休（1月1日休み）

オベリベリ温泉　水光園
おべりべりおんせん　すいこうえん

　高温サウナは90℃前後の設定で、遠赤外線型のガスストーブが熱源だが不思議と呼吸が楽だ。見るとストーブ傍にサウナストーンが置いてあり、湯客が霧吹きで湿度を調整できるそう。そして広大な庭園に茂る白樺の枝葉をヴィヒタに束ねてサウナの壁に吊るし、爽やかな香りをプラス。小さな工夫が居心地を作り上げている。

　従来からある漢方蒸し風呂では、日替わりでイチイの原木が香り立つ森林浴のような味わい。木立を抜ける風が木々の香りを届けてくれる。

　現在は男湯の高温サウナでのみ、サーキュレーターで熱い空気を対流させる「オート熱波」も実施している。（小野寺）

🏠 帯広市東10条南5丁目6
📞 0155-23-4700
📍 JR帯広駅から車で約10分
💴 大人500円、小人150円、幼児80円
🕚 11時〜23時、無休

北美原温泉
きたみはらおんせん

- 函館市北美原1丁目18-16
- 0138-47-2666
- 函館江差道函館ICから車で2分
- 大人(中学生以上)490円、小人150円、幼児80円
- 5時~8時 12時~24時、月曜定休

にしき温泉
にしきおんせん

- 函館市深堀町13-2
- 0138-51-2100
- 市電深堀町から徒歩約10分
- 大人500円、小学生150円、小学生未満80円
- 平日5時~9時、12時~22時30分、土日祝日5時~22時30分、水曜定休

湯らん銭
ゆうらんせん

- 旭川市忠和3条7丁目2-1
- 0166-69-2619
- JR旭川駅から車で約10分
- 大人500円、中学高校300円、小学生150円、幼児80円
- 12時~23時30分、無休
- ※サウナ付きの家族風呂が1室あり、大人950円(60分)+サウナ室900円(小学生以下無料でセルフロウリュもできる)、1人で利用の場合1100円

道央エリア

ニコーリフレ

　「1、2…」と聞けば、「サウナー!」と条件反射で叫ぶファンもいるのでは? 楽しくて本格的なアウフグースサービスを目当てに、全国から愛好家が集う男性専用・カプセルホテル併設のスパ・サウナ。30人収容可能のロッキーサウナには巨大ストーブが鎮座。

　低温のゲルマニウムミストサウナもあり、好みで使い分けたら、特大サイズの水風呂へ。備長炭が大量に浸かる浴槽はキリッと冷えた16℃に保たれ、マイナスイオン効果で至福のひとときへと誘ってくれる。バスタオルが使い放題なのも嬉しいポイント。長らく女人禁制だったが、2020年からはレディースデイを随時開催! サウナ→休憩(2万冊以上の漫画・雑誌読み放題)→サ飯(メニュー充実!)の無限ループに陥るべし。(新目)

- 札幌市中央区南3条西2-14 ニコービル
- 011-261-0108
- 地下鉄豊水すすきのの駅から徒歩2分
- 会員・平日料金
  リフレタイム:5時~16時の受付で5時間1900円(延長+1000円)、ナイトタイム:16時~20時までの受付で5時間2100円(延長+800円)
- 24時間営業、無休
- ※ 男性専用

JRタワーホテル日航札幌 スカイリゾートスパ「プラウブラン」
じぇいあーるたわーほてるにっこうさっぽろ　すかいりぞーとすぱ　ぷらうぶらん

　札幌駅直結のホテル地上22階にあるスパ。サウナやスパフロアのデザインは男女で異なり、地下1,000メートルから湧出した天然温泉、マッサージ効果の高いバイブラバスなど楽しみどころが満載だ。壁一面に大きく設けられた窓からは札幌の街がぐるり見渡せ、四季折々、時間ごとの変化が楽しめる。

　サウナは女湯は高温、スチームがあり、スチームのアロマは月替わり。フェイス・バスタオル使い放題。館内着でくつろげるラウンジの椅子も座り心地抜群。"ホテルサウナ"でひるむかもしれないが、コンシェルジュスタッフが親切なのでご安心を。日ごろのストレスから解放され、非日常に浸ることのできる贅沢スポットだ。（新目）

🏠 札幌市中央区北5条西2丁目5
　　JRタワーホテル日航札幌22階
📞 011-251-6366
📍 JR札幌駅から徒歩3分
💴 宿泊者2150円、
　　日帰り3300円、12時～23時
　　（最終入館22時30分）
🕐 18歳以上のみ利用可

ホテルマイステイズプレミア札幌パーク
ほてるまいすていずぷれみあさっぽろぱーく

中島公園そばにある25階建ての高層ビジネスホテル。清潔感がある大浴場には男女ともにサウナと水風呂があり、宿泊者専用のため静かにリラックスできると好評。女性浴場には露天風呂があるので外気浴も可能だ。(新目)

🏠 札幌市中央区南9条西2丁目2-10
📞 011-512-3456
📍 地下鉄中島公園駅より徒歩2分
💴 1泊2食(税サ込):12000円～
　日帰り入浴:不可

男女とも1 / ミスト / ロウリュ / ロウリュ / ととのい / 女のみ

すすきの天然温泉 湯香郷
すすきのてんねんおんせんとうかきょう

サウナ激戦区・ススキノで根強い人気を誇るシティホテル。札幌中心部に初めて誕生したという天然温泉「湯香郷(とうかきょう)」には高温と低温の広々サウナが2つ。お好みで使い分け、広い水風呂でのんびり足を伸ばしたら、吹き抜けのヒノキ露天風呂へぜひ。ととのい椅子からは空を仰ぎ見ることができる。

地下800mの自家源泉から湧出する湯は肌触りやわらか。男性大浴場は全長25mという圧巻スケールの主浴槽、女性大浴場は御影石を使用した贅沢な造りがそれぞれ特長で、都会にいるのが嘘のよう。浴衣のまま絶品料理を味わい、時間を忘れて至福のひとときに癒されたら、気分はもう"桃源郷"!?(新目)

🏠 札幌市中央区南7条西3丁目
📞 011-513-8107
📍 地下鉄東豊線豊水すすきのの駅から徒歩約2分
💴 1泊2食(税サ込):大人11650円～、日帰り入浴:大人(中学生以上)2750円、子供(小学生)1430円、シルバー(満70歳以上)1250円※早朝、深夜料金あり
🕙 10時(月曜12時)～24時

男女とも1 / ミスト / ロウリュ / ロウリュ / ととのい / 外気浴

GARDENS CABIN
がーでんずきゃびん

　大通公園近くにあるキャビン型ホテル。地下1階の大浴場には壁のヴィヒタが香しいサウナ室が男女共にあり、札幌では数少ないセルフロウリュがOK！フロントで使い切りアロマオイルを購入し、その場で使えばリラックス気分も倍増。水風呂に加えて35℃の「不感の湯」もあり、冷冷交代浴も楽しめる。脱衣所には1人用休憩スペース「ととのいの小部屋」を設けるなど、きめ細かい。

　宿泊する観光客やビジネス客のほか、日帰り入浴も受け入れているので地元サウナーで混み合い、待ち時間があることも。UHBのサウナ番組「&sauna」に出演する豊澤瞳さんプロデュースによる託児サウナ、女性限定のヨガ＆貸し切りサウナイベントなど、女性向け企画も実績あり。（新目）

🏠 札幌市中央区南1条西4丁目4-1
📞 011-522-8585
🚇 地下鉄大通駅から徒歩1分
💴 1泊素泊まり（税込）：
　　大人3000円〜
　　日帰り入浴：
　　大人1500円
🕑 14時〜22時

こみちの湯 ほのか
こみちのゆ　ほのか

　狸小路2丁目のアーケード街にある女性専用の温浴施設。オープン以来、低温スチームだったサウナ室を2022年7月にリニューアル。ドライ式の80℃設定となったが、スチーム時代のタイル張りを残した室内の体感温度はそれ以上で、特に2段目の隅は熱め好きにお薦め。新設された冷水壺風呂は1人用でしっかりクールダウンできる。

　支配人の吉田育美さんをはじめ、スタッフにサウナ好きが多いこともあってか、食事処には女性向けサウナ本がそろい、無料のデトックスウォーターもサウナドリンクにぴったり。韓国の伝統サウナ「汗蒸幕（ハンジュンマク）」を体験できる岩盤浴フロアや風呂、休憩所が24時間営業で利用でき、存分に滞在を楽しめる。（新目）

- 札幌市中央区南3条西2丁目15-5 狸小路2丁目
- 011-221-4126
- 地下鉄すすきのの駅から徒歩2分
- 全日1800円、
  時間制料金（3時間まで）
  5時〜24時1350円、
  24時〜5時1800円
  ※深夜料金あり
- 24時間営業
  （内清掃 8時〜10時）、無休
- 女性限定

プレミアホテル -CABIN- 札幌
ぷれみあほてる-きゃびん-さっぽろ

ススキノで天然温泉が楽しめるビジネスサウナ。男性サウナは、2021年にスタッフの手によって木材むき出しのワイルドな設えにアップデートされ、セルフロウリュ&ウォーリュが可能に。一方の女性サウナも、2023年2月にメディテーションサウナへと生まれ変わった。毎週水曜日は女性限定でアロマロウリュ、デトックスウォーターを楽しむことができる。地下100メートルからくみ上げる水風呂は通年13℃をキープ。大浴場の洗い場3カ所にはととのい用の椅子や足桶を用意し、座ったまま頭上から浴びる冷水シャワーを「ススキノの滝」と命名。

サ活情報専用インスタグラム（@premierhotelcabin_sauna）を開設し、旭川・帯広の系列店を含む3店舗でイベントや新アイテムなどの情報を更新中。（新目）

- 🏠 札幌市中央区南5条西7丁目
- 📞 011-213-1301
- 📍 地下鉄すすきのの駅から徒歩約7分
- 💴 1泊素泊まり（税込）：
  大人6500円～
  日帰り入浴：
  大人2500円、
  4歳～小学生1250円
- 🕐 13時30分～23時
  （最終受付22時）

ホテル・アンドルームス札幌すすきの
ほてる・あんどるーむすさっぽろすすきの

地下鉄豊水すすきのの駅から徒歩2分、2022年夏にオープンしたホテル。最上階の13階に設けられたサウナ室はシックな内装の静寂空間。ハルビアストーブにセルフロウリュすると、ジュワ〜という音だけが響き渡り、メディテーションサウナの喜びを心ゆくまで味わえる。水風呂はなく、水シャワーで身体を引き締めたら、外気浴ブースで風を感じよう。

サウナは宿泊者限定だが、サウナー専門ブランド・TTNEが監修したとの噂を聞きつけ、わざわざ泊まる地元民もいるとか。ちなみに、「どうしても水風呂に入りたい！」という方は貸し切り個室サウナ（2時間4,000円）という選択肢も。こちらはユニットバス付き、もちろんセルフロウリュ＆外気浴も完備だ。（新目）

- 札幌市中央区南7条西1丁目1-9
- 011-520-7111
- 地下鉄豊水すすきのの駅から徒歩2分
- 1泊素泊まり（税サ込）：大人5500円〜
  個室貸切サウナ（税込）：2時間4000円（宿泊者専用、定員2名）、日帰り入浴：不可

男女とも1 / ミスト / ロウリュ / ロウリュ / ととのい / 外気浴

BIZCOURT CABINすすきの
びずこーときゃびんすすきの

地下鉄すすきのの駅から徒歩約3分の男性専用カプセルホテル。サウナとボディシャワーは午前2時まで使え、深夜でも心身をリフレッシュできる。サウナ上がりのお楽しみ・漫画本も充実の品揃え。浴槽施設はないので注意。（石黒）

- 札幌市中央区南5条西5丁目13-1
- 050-5847-7444
- 地下鉄南北線すすきのの駅から徒歩約3分
- 1泊素泊まり（税込）：大人4000円〜
  日帰り入浴：不可
- ※ 男性専用

ドライ 1 / ミスト / オート / セルフ / ロウリュ / ととのい / 外気浴

苗穂駅前温泉 蔵ノ湯
なえぼえきまえおんせん　くらのゆ

　苗穂駅から徒歩数分の場所にある公衆浴場。男女のドライサウナ室が2024年4月にリニューアルし、座面が一新。あぐらをかける広さでより快適に座れるようになった。サ室前にある水風呂は地下水かけ流しで、季節で温度は変動するものの通年約14℃。不思議空間「洞窟風呂」が売りの露天風呂の外気浴設備は年々充実し、フルフラットにできるデッキチェアやインフィニティチェア、アディロンダックチェア、ベンチなどがずらり。

　フロント前の物産コーナーでは「蔵ノ湯」オリジナルMOKUタオルをはじめ、ハットやマットなどサウナ関連グッズを販売。12個貯めると入浴1回無料になるポイントカードがあり（お得な2倍・3倍デーも！）、リピーターが多いのも納得だ。（新目）

- 🏠 札幌市中央区北2条東13丁目25-1
- 📞 011-200-3800
- 📍 JR苗穂駅から徒歩5分
- 💴 大人490円、小人（6～12歳未満）150円、幼児（6歳未満）80円
- 🕙 10時～24時（受付終了23時）、無休

天然温泉ホテルリブマックスPREMIUM 札幌大通公園
てんねんおんせんほてるりぶまっくすぷれみあむ　さっぽろおおどおりこうえん

　全国展開するビジネスホテル・リブマックス系列の中でも、天然温泉大浴場を備え、ゆとりある上質サービスが楽しめる道内唯一のPREMIUMクラス。日帰り客にも開放する大浴場は3階にあり、男女ともに100℃近くのドライサウナ。サウナ室はセルフロウリュOKで、プライベート感が漂う。3種類のアロマオイル（白檀・白樺・ミント）を水に含め、ロウリュストーンにかければ100℃近い熱波とともに香りも同時に楽しむ事が可能。

　サ室にビートルズの音楽が流れるのも特徴で、名曲を聴きながら軽やかに汗を流した後は、1人仕様の壺タイプ水風呂へドボン！ととのいの前後には"山峡の名湯"とされる登別・カルルス温泉の源泉を使用する天然温泉にも浸かりたい。（新目）

- 🏠 札幌市中央区南2条西9丁目1-20
- 📞 011-219-4400
- 📍 地下鉄東西線西11丁目駅から徒歩6分
- 💴 素泊まり（税サ込）：大人4000円～
  日帰り入浴：大人2000円、小学生1000円
- 🕙 6時～10時、15時～翌1時

ONSEN RYOKAN 由縁 札幌
おんせん りょかん ゆえん さっぽろ

　札幌中心部のオフィス街に地上12階、182室を有す宿。なかでも味わい深い大浴場が癒しのかなめだ。サウナ室は男女ともにドライサウナで二段のベンチで構成されているが、風情は異なる。男性湯は低い位置に照明があり、ほの暗さと静寂に身を浸すサウナ空間になっている。一方、女性湯はレンガ壁で温かみに満ちている。質の高いサウナ浴では五感が働くが、男性用と女性用で視覚的なコンセプトが違うというのも面白い。室温は男性側がやや高く85℃ほど、女性側は80℃ほどと、熱過ぎぬ設定になっている。

　水風呂は、巨大な岩をくり抜いた野趣たっぷりの風呂が待っている。満たされているのは泉温17℃ほどの柔らかな地下水。体を預けて目を閉じるひとときー。（小野寺）

🏠 札幌市中央区北1条西7丁目6
📞 011-271-1126
📍 地下鉄大通駅から徒歩約8分
💴 1室2名利用1泊朝食付き（税込）：1名あたり16000円〜
　日帰り入浴：不可

男女とも1　ミスト　ロウリュ
ロウリュ　ととのい　外気浴

044

ドーミーイン札幌ANNEX
どーみーいんさっぽろあねっくす

　狸小路商店街にあるビジネスホテル。大浴場「狸の湯」のサウナは男女ともに高温ドライ・テレビ付き。男湯の水風呂にはチラー（冷却装置）付き。宿泊者はアーケード道路を挟んで向かい側にある「ドーミーインPREMIUM札幌」の「石狩の湯」も利用OK。（新目）

🏠 札幌市中央区南3条西6丁目10-6
📞 011-232-0011
📍 地下鉄南北線すすきの駅から徒歩約5分
💴 1室2名利用1泊素泊まり（税込）：
　　大人5500円～（時期やプランにより変動あり）
　　日帰り入浴：不可

男女とも1　ミスト　ロウリュ　ロウリュ　ととのい　外気浴

ドーミーインPREMIUM札幌
どーみーいんぷれみあむさっぽろ

　動物をかたどった木目調の入口壁が目を引く、狸小路6丁目のチェーンホテル。大浴場「石狩の湯」のサウナは男性のみで高温ドライタイプ。女湯はあつ湯、ぬる湯があり、後者は子どもや熱いお湯が苦手な方に好評。「ドーミーイン札幌ANNEX」の「狸の湯」も利用できるのはうれしい。（新目）

🏠 札幌市中央区南2条西6丁目4-1
📞 011-232-0011
📍 地下鉄東西線大通駅から徒歩約10分
💴 1室2名利用1泊素泊まり（税込）：
　　大人5500円～（時期やプランにより変動あり）
　　日帰り入浴：不可

男のみ1　ミスト　ロウリュ　ロウリュ　ととのい　外気浴

A-SAUNA
えー さうな

　中島公園そばのタワーマンション2階に、2022年9月にオープンした札幌初の会員制個室サウナ専門店。男性3室、女性3室の計6室があり、ハルビアストーブ×サウナストーン80kgで高温100℃以上設定を実現。温度と湿度にこだわったワンランク上の設備に加え、4種類から選べるアロマロウリュ、サウナ室に窓越しでスマホ＆スピーカーの持ち込みOK、女性専用のパウダールーム完備など、快適にサウナを楽しめる環境がそろう。

　火～土曜は24時間営業で、全室に水風呂があるのも魅力。2023年には北海道コンサドーレ札幌のシーズンサプライパートナーとなり、地域サッカーを癒やしで応援中。贅沢なひとときを満喫できるススキノのプライベート空間だ。（新目）

🏠 札幌市中央区南9条西4丁目3-1 AMS TOWER 2階
📞 011-600-1794
📍 地下鉄中島公園駅から徒歩2分
💴 会員1名1室2600円～、非会員1名1室4000円～
🕐 24時間営業、無休
※ 事前予約制、18歳未満は利用不可

 男女とも1
 ミスト
 ロウリュ
 ロウリュ
 ととのい
外気浴

ザ・センチュリオンサウナ レスト&ステイ札幌
ざせんちゅりおんさうな　れすとあんどすていさっぽろ

　100℃超の高温サウナ&グルシン水風呂というハード設定で熱烈ファンを生んだものの、コロナ禍の影響で2023年1月に閉館を余儀なくされた「センチュリオン」が、男性専用スパ・サウナ施設として2024年4月に再始動した。

　建物は変わったが、サ室にはHARVIA&メトスikiのWストーブ(オートロウリュ&アウフグースイベントも!)、2つの水風呂(黄金に輝くキンキンの10℃以下・15℃)で名物・温度差体験を提供。さらに、大きなあつ湯、「ギャラクシー風呂」と名付けられた体温に近い不感風呂まで設け、そのパワーアップぶりに涙した常連客もいたとかいないとか。不死鳥のごとく復活したセンチュリオンサウナで、コンセプトである"小宇宙"を体験せよ!(新目)

🏠 札幌市中央区南4条西6丁目4青山ビル
📞 011-206-9932
📍 札幌市営地下鉄すすきのの駅から徒歩約3分
💴 1泊素泊まり(税込):会員価格2900円〜、通常価格3000円〜
　 日帰り入浴:日帰りプランあり
※ 男性専用施設

サウナコタンサッポロ

　羊ヶ丘通と水源池通が交差する場所にある円形の日帰りサウナ施設。2023年8月に閉館した旧「たまゆらの灯」の建物を生かし、同年10月にリニューアルオープンした。改装前をご存じの方は変貌ぶりに驚くはず。何しろサウナは「ととのえ親方」こと松尾大氏が監修し、北欧の世界観や原住民の営みを再現。男性用は最大階高170cmの4段ベンチで最上段には足を伸ばせる手すり付き。
　一方、女性用はストーブを取り囲むようなベンチ設計。どちらも80℃設定だが、座る場所で体感温度はもっと高く、しっかり汗が噴き出てくる。また、男女ともに70℃の塩サウナも完備。地下水をくみ上げた水風呂は肌触り柔らか。「おふろcafé星遊館」などを経営する北海道ホテル＆リゾートの協力を受け、絶品サ飯が味わえるロビーレストランや3階リラックススペースもおしゃれで楽しい雰囲気に。3種類の無料デトックスウォーターもうれしい！（新目）

🏠 札幌市豊平区西岡4条3丁目7-45
📞 011-857-2626
📍 地下鉄月寒中央駅から車で約10分
¥ 平日(120分800円、フリータイム1000円)
　土日祝(120分1000円、フリータイム1200円)
　6歳〜12歳200円、0歳〜5歳無料
🕐 11時〜23時

月見湯
つきみゆ

　ロウリュや熱波師イベント、音楽ライブ、オリジナルグッズの販売など、多彩な取り組みで札幌のサウナ愛好家から絶大な支持を集める老舗銭湯。サウナは男女ともに高温ドライとスチームの2種。男性の方は2022年末にフィンランドメーカー・ハルビアのストーブを導入し、翌年にはサウナストーンを20キロ増量して贅沢空間に。その名の通り、夜には月見ができる露天風呂の外気浴スペースも広く、男性の方はインフィニティチェアも充実。

　浴室壁のキュートな絵タイルは、番台を守るりなさん、みくさん、らんさん3姉妹が大好きなハワイで買い付けたもの。マリリン・モンローのポスターは先代の趣味。4代続く家族経営ならではのアットホームさも居心地の良さの秘密だろう。(新目)

🏠 札幌市豊平区月寒東2条11丁目11-25
📞 011-855-1815
📍 地下鉄福住駅から徒歩10分
💴 大人500円、学生(中・高・大学生) 400円
🕐 13時45分〜24時、火曜定休

湯けむりの丘 つきさむ温泉
ゆけむりのおか　つきさむおんせん

　札幌ドームそば、国道36号線沿いに建つ4階建ての日帰り温泉施設。1階は受付フロア、2階は食事処や子どもの遊び場、3階は休憩スペースという豪華な造りは、経営する札幌発の和食レストランチェーン「とんでん」創業者の長尾治さんが「最後の道楽」として手掛けたそう。最上階にある浴場は柱が1本もなく、天井の高さは4メートル以上と開放感たっぷり。

　サウナ室は、男性はスタジアム型（高温）と低温、女性はヨモギの香りが漂うテルマーレ（低温）と高温の各2つ。美肌効果のあるアルカリ性低張性冷鉱泉を使った源泉水風呂も特長で、キンキンの10℃前後と体に優しい22℃前後の2つから選べるのも嬉しい。札幌の街が一望できる露天風呂の椅子で、外気浴を楽しめる。（新目）

- 札幌市豊平区月寒東1条20丁目5-40
- 011-855-4126
- 北海道中央バス月寒東19丁目から徒歩3分
- 中学生以上1500円、65歳以上1100円、小学生650円
  ※土日祝、早朝料金あり
- 6時〜9時、10時〜24時（最終受付23時）、無休

フミノサウナ

約60年続いた老舗銭湯「富美の湯」から変転し、2022年9月にオープンした完全予約制の個室・貸し切りサウナ施設。サウナ室は1〜7人用まで6室あり、全室セルフロウリュOKなので、好きな時間に、好きなだけサウナを楽しめる。2室には水風呂があり、大きいサウナ室の方は銭湯時代の水風呂を生かしたもの。

祖父、父からこの場所を受け継いだ3代目オーナーの日蔭恵理さんは「銭湯時代に担ってきた住民の憩いの場としての役割を継承したい」との思いから、誰でも利用できる飲食店を併設し、こだわりのサウナ飯やドリンクを提供。改装費の一部などはクラウドファンディングでまかなっており、減少する銭湯の新たな活路に期待が寄せられている。（新目）

🏠 札幌市白石区菊水上町3条2丁目52-143
📞 011-807-4949
📍 JR苗穂駅から徒歩20分
¥ 部屋タイプにより 3100円〜6000円
🕐 10時〜翌0時30分（最終受付22時30分）、金・土・祝日の前日は10時〜翌4時まで、年中無休

※ プライベートサウナ、2時間制、事前予約制

湯めごこち 南郷の湯
ゆめごこちなんごうのゆ

　札幌・白石地区の大型銭湯。ドライサウナは80〜90℃、水風呂は13℃と玄人好み。遠赤外線のサウナストーブで火照ったら、広い露天スペースで休憩を。ととのい椅子は脱衣所側の露天テラスにもたくさん用意されている。（石黒）

- 🏠 札幌市白石区南郷通14丁目北3-5
- 📞 011-846-4126
- 📍 地下鉄東西線南郷13丁目から徒歩2分
- 💴 中学生以上500円、小学生150円、幼児80円
- 🕐 14時（土日祝10時〜）〜24時（最終受付23時30分）、無休

男女とも1　ミスト　ロウリュ　ロウリュ　ととのい　外気浴

こうしんの湯
こうしんのゆ

　札幌・元町地区のスーパー銭湯。サウナ室は収容人数20人以上と広く、テレビ付き。水風呂は3〜4人が同時に浸かれる広さがあり、バイブラで冷え冷えとGOOD。露天風呂では外気浴が味わえる。新年には入浴券サービスも。（石黒）

- 🏠 札幌市東区北30条東19-1-1
- 📞 011-780-2615
- 📍 地下鉄新道東駅から徒歩15分
- 💴 大人500円
- 🕐 10時〜23時、第3水曜定休

男女とも1　ミスト　ロウリュ　ロウリュ　ととのい　外気浴

湯屋・サーモン
ゆや さーもん

　2002年開業の地域密着型銭湯。「北海道の秋鮭（サーモン）のように、お客様にまたお越しいただきたい」という思いが店名の由来。サウナはドライ式（別途100円）で内風呂と露天風呂の中間エリアにあり、広めの地下水かけ流しバイブラ水風呂への動線がスムーズ。ととのい椅子も多めで、露天岩風呂（日替わり薬湯）周辺の外気浴スペースも充実。

　サーモンとろ丼やラーメンなどサ飯メニューは21時30分まで、ドリンク類は22時30分まで注文OKで、自家製ソフトクリームやかき氷などデザート類も多彩。地場野菜や果物、焼き芋、焼き鳥などが並ぶ入口付近の販売ブースも目移りする楽しさ。220台の広い駐車場が目印だ。（新目）

🏠 札幌市西区発寒7条14丁目16-15
📞 011-669-1004
📍 JRバス「稲積1号」から徒歩3分
💴 大人500円、中人150円、小人80円、サウナ使用料+100円
🕐 12時30分～23時（土日9時30分～23時）、第2木曜日 第4木曜日定休

定山渓温泉 湯の花 定山渓殿
じょうざんけいおんせん　ゆのはな　じょうざんけいでん

　最新サウナがひしめく定山渓温泉にある日帰り温泉施設。2023年10月には顧問・エレガント渡会さんのプロデュースで和風浴場のサウナが一新され、ハルビア社製ヒーター＆オートロウリュを導入。オートロウリュは1時間に3回（00分、20分、37分）あり、マイルドで爽快な熱波を受け、満足気な表情を浮かべて水風呂へと移動する客が急増中。水風呂は、チラー（冷却装置）で冷やした貴重な源泉100％の水風呂「冷泉」なのが特長で、なめらかな肌触りの水が優しく体を冷やしてくれる。
　また、露天エリアのととのい椅子もアディロンダックチェアなどが用意され、見事な渓谷風景が楽しみの一つに加わった。渡会さん監修サ飯「湯の花あんかけつけ麺」もお薦め！（新目）

- 🏠 札幌市南区定山渓温泉東4丁目330-4
- 📞 011-598-4444
- 🚗 JR札幌駅から車で約50分
- 💰 大人980円、小人（4歳〜小学生）450円、幼児無料
- 🕙 10時〜21時、無休
- ※ 地下鉄真駒内駅から無料送迎バスあり

定山渓温泉 ホテル鹿の湯
じょうざんけいおんせん ほてるしかのゆ

　定山渓きっての老舗ホテル。男女別2カ所の大浴場のサウナは、いずれも壁や天井をヒノキ材で設え、オートロウリュも楽しませてくれる。サウナの設えは浴場ごとに大きく異なる。午後の時間帯に男湯となる浴場には、ベンチ四段がどっしり構える「スタジアム型サウナ」。足元の間接照明に心落ち着く空間だ。

　一方、同じく午後に女湯ののれんがかかる浴場の方には、中央にストーブを置く広やかな円形の「サークル型サウナ」がある。温度はスタジアム型よりもやや穏やかで、オートロウリュの蒸気も室内をふわりと均等にめぐる。日帰り利用は午後の時間帯なので、男性客はスタジアム型、女性客はサークル型にとなるが、宿泊者は泊まった翌朝、前夜と別のサウナも味わえる。　（小野寺）

🏠 札幌市南区定山渓温泉西3丁目32
📞 011-598-2311
🚉 JR札幌駅から車で約50分
💴 1泊2食（税込）：大人10150円〜
　日帰り入浴：大人1500円、小学生750円、未就学児無料
🕐 13時（土・日曜）〜19時（受付終了18時）
※ 男女入れ替え施設、JR札幌駅から宿泊者専用無料送迎バスあり（要予約）

女性のための宿 翠蝶館
じょせいのためのやど　すいちょうかん

　13歳以上の女性だけが泊まれることができる癒しのホテル。その浴場にあるのが、「熱さにこだわらない」ことを大切にする、他に類をみない「やさしいサウナ」だ。
　室内は、間接照明にふわりと照らされたナチュラルな空間。ユニークなのは、「体感する温度をほんのりと変えた」という段差。サウナ室内は上に行くほど熱くなり、段差があれば上段ほど高温になる。このサウナでは一段ずつの高さを階段上に、通常よりも低めに調整して「1段」「1.5段」「2段」「2.5段」というゆるやかな四段にし、ゲストの体調や気持ちに最もフィットする座面でくつろげるよう配慮した。ハルビアのストーブのそばには薬草をブレンドしたロウリュ水が置かれており、最適なタイミングで香り高い蒸気をたてることができる。（小野寺）

🏠 札幌市南区定山渓温泉西3丁目57
📞 011-595-3330
📍 JR札幌駅から車で約50分
¥ 1泊2食(2人1室、税別)：
　大人19950円〜
　日帰り入浴：不可
※ 女性専用、札幌から無料送迎バスあり（要予約）

定山渓第一寶亭留 翠山亭
じょうざんけいだいいちほてる　すいざんてい

　定山渓を代表する一湯。ふたつの浴場は男女交代制。サウナは15時から22時と、早朝5時から10時まで利用でき、深夜に清掃時間を設けて男女ののれんを変えるので、両方のサウナが楽しめる。「飛泉の湯」のサウナのベンチは3段あるが、どの座面にも奥行きがたっぷりと設けられ、自然なリラックス状態へと導いてくれる。

　「桂木乃湯」のサウナは「飛泉乃湯」よりもコンパクトで、なおかつ対面式のため、ロウリュの心地よい熱刺激をより直に体感できる。対面式だがベンチの高さは全て異なっているのが特徴で、「自分に最高の場所」を見つける楽しみも。浴後は露天の大樹を愛でながら季節の風に癒されたい。双方のサウナともハルビア製ストーブのオートロウリュシステムを備える。（小野寺）

🏠 札幌市南区定山渓温泉西3丁目105
📞 011-598-2141
📍 JR札幌駅から車で約50分
¥ 1泊2食(2人1室、税別)：
　大人21050円〜
　日帰り入浴：不可
※ 利用は小学生以上、札幌から無料送迎バスあり(要予約)

旅籠屋 定山渓商店
はたごやじょうざんけいしょうてん

　旅籠屋定山渓商店のユニークなサウナが注目を集めている。愛称は「熱熱熱燗サウナ」。文字通り、熱さがウリだ。L字型の二段ベンチではあるが、室内に入ってすぐ、床面が一段ぶん上がった位置になるため、座面の温度感としては二段目と三段目に座るよう。下段は奥行きも広く、くつろぎやすい。

　だが、定時15分毎のオートロウリュが始まると、くつろぐ…といってもいられない。ストーンをたっぷりと抱いたハルビア製のパワフルなストーブにロウリュ水がたっぷりと降り注ぐと、熱い蒸気がたちまち室内を覆う。

　クールダウンは、水風呂や露天エリアでの外気浴で。せっかく露天で過ごすなら、かけ流しの温泉風呂を試すのも忘れずに。（小野寺）

- 札幌市南区定山渓温泉西2丁目5
- 011-598-2929
- JR札幌駅から車で約50分
- 1泊2食(2人1室、税込)：大人11150円〜
  日帰り入浴：1200円
- 13時30分〜18時
- ※ 13歳以上限定、札幌から宿泊者専用無料送迎バスあり(要予約)

翠巌
すいがん

　定山渓の名勝・舞鶴の瀞のほとりに立つ湯宿。個性の異なる洗練された7つ限りの特別室に、美景の温泉浴場、時間に縛られない夕食等、きままな滞在の喜びの全てを用意する。7部屋のなかでサウナを有するのは2部屋。プライベートサウナとはいえ、どちらも大人4人以上がゆったりできる。サウナストーブはストーンをぎっしりと積むハルビア製のシリンドロ。宿泊客はいつでも好きなタイミングで、セルフロウリュを楽しめる。サウナの大窓からの渓谷美は、道内でも指折りだろう。

　水風呂の代わりにシャワーで汗を流した後は、渓谷を眺める露天エリアのウッドデッキで外気浴を。五感で季節を味わう「自分たちだけのサウナ」は、特別な日の思い出を刻む舞台にもふさわしい。（小野寺）

🏠 札幌市南区定山渓温泉西1丁目86-1
📞 予約はインターネットから
📍 JR札幌駅から車で約50分
¥ 1泊2食（税サ込）:大人 39750円〜
　日帰り入浴:不可
※ 利用は小学生以上、札幌から無料送迎バスあり（要予約）

定山渓　ゆらく草庵
じょうざんけい　ゆらくそうあん

　足元はほぼ全てが畳敷。エントランスからロビー、客室、湯殿に至るまで、目に映るのは天然木、和紙、い草に石など日本の伝統的な建材・素材が織りなす自然の色味に心が安らぐ。温泉は上質の源泉を独占する客室風呂、離れに風情豊かな4カ所の貸切風呂、そして大浴場がある。サウナが楽しめるのは大浴場だ。

　大浴場の足元にも畳。内湯の大窓は障子小窓風の意匠。サウナはドライサウナでベンチは二段。好みの温度の座面に落ち着き、しばし目を閉じて体温の高まりを静かに感じる。汗を流した後は、水風呂と外気浴ももちろんできるが、冷たい水風呂をさっとくぐり、暗がりと静けさの中で寝ころび湯する「夢想湯」でしみじみ過ごすのも心地よかった。（小野寺）

- 札幌市南区定山渓温泉東3丁目228-1
- 011-595-2489
- 札幌市内から車で国道230号経由約50分
- 1泊2食（税サ込）：大人 26000円〜
  （時期やプランにより変動あり）
  ※入湯税別途150円
  日帰り入浴：不可
- ※ JR札幌駅から無料送迎バスあり（要予約）

章月グランドホテル
しょうげつぐらんどほてる

　創業1934年（昭和9年）の老舗ホテル。近年、経営が変わって内外装ともに洗練されたが、かねてより評価の高かった渓谷の「眺望」と「湯」など、この宿ならではの魅力だ。広やかな浴場は、かけ流しの温泉浴槽をメインにして、2種類のサウナと水風呂を備えている。

　ひとつ目は遠赤外線型のドライサウナで、ベンチは二段、設定温度は80℃から90℃ほど。特筆すべきはふたつ目の「蒸し風呂」で、こちらは熱源として75℃ほどの「ナトリウム－塩化物温泉」の源泉から生まれる湯けむりをそのまま利用した天然のスチームサウナだ。設定温度は50℃というが体感としてはより高く、肌や粘膜に無理なく発汗が進み、温泉成分の作用も期待できる。通常のサウナが苦手という人こそ試してほしい一湯だ。（小野寺）

🏠 札幌市南区定山渓温泉東3丁目239
📞 0570-026-575
📍 JR札幌駅から車で国道230号経由約50分
¥ 1泊2食（税サ込）：大人 25450円～
　日帰り入浴：不可
※ JR札幌駅から送迎バスあり
　（片道1人1000円／要予約）

シャトレーゼ ガトーキングダム 札幌
しゃとれーぜがとーきんぐだむさっぽろ

　札幌市郊外にあるホテルとプール＆スパの複合施設。3階スパゾーンには、3段のスタジアム型高温サウナ、ほのかな香りに癒されるスチームサウナ、塩サウナ、水風呂があり、どれも広々。9つの浴槽や歩行浴など風呂の種類も多様で、サウナの前後に思い思いに過ごせる。さらに、1階プールフロアには、男女一緒に水着のまま体を温めることができる大型サウナ室を完備。

　開業20周年を迎えた2022年からは、サウナの魅力と最新トレンドを紹介するカルチャーイベント「サウナの街さっぽろ」会場に選ばれ、屋外プールが巨大水風呂として活用されるなど大活躍。広大な敷地を生かした多彩なサウナイベントが可能なスポットとしても注目を集めている。（新目）

- 札幌市北区東茨戸132
- 011-773-2211（ホテル）、011-773-3311（プール・温泉）
- JR札幌駅から車で約30分
- 1泊2食（税サ込）：大人12280円〜
  日帰り入浴：各種料金あり
  ※季節や曜日によって変動
- 温泉10時〜23時（最終入場22時30分）、無休
- ※ JR札幌駅から無料送迎バスあり

天然温泉あしべ屯田
てんねんおんせんあしべとんでん

1991年開業、地域に愛されるくつろぎの温泉銭湯。かつては客層の7割が高齢者だったが、昨今のサウナブームで若い客層にも浸透してきたという。サウナはドライで男女ともベンチが三段。男性用が90℃程の設定に対し、女性用は78℃程と穏やかだ。水風呂はラドンの石を浸したラドン水で、冷た過ぎない17℃の設定だ。もしも冷たい風呂が苦手なら、夏なら33℃、冬は36℃ほどの低温湯でマイルドにほてりを鎮められる。

仕上げは体を拭いてから露天エリアのベンチで外気浴を。露天の食塩泉の岩風呂で足湯風に腰掛け、のんびり過ごすも良し。「サ飯」として人気なのは釧路風スパカツなどだが、ベテラン料理長が握る名物の寿司も試したいところ。これも創業時からのメニューなのだ。（小野寺）

- 札幌市北区屯田7条7丁目2-6
- 011-771-9111
- 北海道中央バス屯田小学校からすぐ
- 大人 750円、小人 250円、シルバー 650円
- 10時〜24時（最終受付23時30分）、無休

 男女とも1
 ミスト
 オートロウリュ
 ロウリュ セルフ
 ととのい 外気浴

森林公園温泉 きよら
しんりんこうえんおんせん　きよら

　男女ともに高温ドライのサウナ室＆水風呂が露天スペースにある珍しい公衆浴場。ヒノキの香り漂うサ室はコの字型で細長く、入口付近から奥の席まで体感温度が微妙に変わるため、好きな位置を探してみよう。サ室を出たらすぐ屋外なので、風を感じながら汗を流し（露天風呂のモール泉を使ってもOK）、地下水かけ流しの水風呂→外いすで外気浴とスムーズに移動できるのも嬉しい。

　札幌で唯一となる源泉かけ流しのモール温泉で湯通しすれば、肌もツルツルぽかぽかに。やきそば、炒飯、パスタといった軽食メニューも提供。ちなみに、併設の家族風呂は2023年11月にリニューアルされて好評だ。（新目）

🏠 札幌市厚別区厚別東4条7丁目1-1
📞 011-897-4126
📍 JR森林公園駅から徒歩8分
💴 大人500円、小人150円
🕐 11時〜24時
　（最終受付23時30分）

リラクゼーション スパ・アルパ
りらくぜーしょんすぱあるぱ

　JR新札幌駅北側の「ホテルエミシア札幌」地下1階、2,000㎡の広さを誇る温浴施設。ドライサウナは85℃設定で、座面の上段は手足を伸ばしてくつろげるほどの広さ。タオルやガウンの用意があるのも嬉しいサービス。（石黒）

- 札幌市厚別区厚別中央2条5-5-25 ホテルエミシア札幌地下1F
- 011-895-8822
- JR新札幌駅から徒歩約3分
- 大人2600円（宿泊者1000円）、小学生以下1700円（宿泊者800円）、3歳以下無料
- 12時～24時（最終受付23時）

石狩天然温泉 番屋の湯
いしかりてんねんおんせん　ばんやのゆ

　石狩湾のオーシャンビューを一望できる源泉100％の「化石海水」が楽しめる温泉宿。男女ともにドライサウナが各1室、水風呂もあり。特筆すべきは、露天風呂の外気浴スペースの解放感！海風を浴びながらリラックスした後は、畳敷きの休憩室でのんびり休むも良し、テレビ付きのリクライニングソファーで思う存分惰眠をむさぼるも良し、ランチバイキングやディナーメニューを頬張るも良し。

　なお、中庭は、施設のマスコット的存在・カピバラの「湯姫（ゆき）」ちゃんが過ごす場所となっており、のんびりしたしぐさで来館者のハートを射止めている。札幌の麻生駅・栄町から発着の無料送迎バス2コースが春～秋に運行。（新目）

- 石狩市弁天町51-2
- 0133-62-5000
- JRあいの里公園駅から車で18分
- 1泊2食（税サ込）：大人12950円～、日帰り入浴：大人（中学生以上）750円、小学生以下（4歳～12歳まで）350円、幼児（3歳まで）無料、シルバー（65歳以上）700円
- 10時～24時

江別天然温泉 湯の花 江別殿
えべつてんねんおんせんゆのはな　えべつでん

　江別市野幌の住宅街にある日帰り温浴施設。和風と洋風の浴場（男女日替わり）各1室のドライサウナは遠赤外線方式で、高温過ぎないのでじっくり蒸されることができると評判。広めの水風呂、外気浴できる露天風呂も完備。お湯は肌しっとり効果のある自家源泉井戸のナトリウム塩化物強塩泉で、寝湯や打たせ湯、足湯など多彩な浴槽で楽しめる。

　シャンプー＆ボディソープ備え付け、ドライヤー無料、2階休憩フロアはフリーWi-Fi＆コミック棚ありと、うれしいサービス盛りだくさんだが、値段は「湯の花」系列店の中で最も安い銭湯料金というのがありがたい！もちろん館内にいれば何度でも入浴OK。1階にも休憩椅子があり、混み合う時間帯ものんびり過ごせるのも魅力だ。（新目）

- 江別市野幌美幸町33
- 011-385-4444
- 江別西インターから車で約5分
- 大人（12歳以上）500円、小人（6歳～11歳）150円、幼児（0～5歳）無料
- 8時～24時、無休

男女とも1　ミスト　ロウリュ　ロウリュ　ととのい　外気浴

ココルクの湯
こころくのゆ

　江別市郊外の大麻地区の温泉施設。サウナは1段の4人掛け。奥行きが少ないぶんドアの開閉で熱がやや逃げるが、新鮮な空気や湿気も入るため息苦しさがあまりない。水風呂は水道水でサウナ室のすぐ隣にあり、ぬる湯で汗を流すならシャワーも近い。さっぱりとしたら、露天エリアに椅子があるので、のんびり空を眺めるもよし。（小野寺）

- 江別市大麻元町154-15（ココルクえべつ内）
- 011-376-0720
- JR大麻駅から車で約5分
- 大人500円、中学生未満150円、6歳未満80円
- 10時～22時、無休（年末年始は休み）

男女とも1　ミスト　ロウリュ　ロウリュ　ととのい　外気浴

恵庭温泉 ラ・フォーレ
えにわおんせん　ら・ふぉーれ

「la Foret（ラ・フォーレ）」とはフランス語で「深い森林」を意味し、その言葉通り、豊かな樹木に囲まれたロケーションが自慢の日帰り温泉施設。サウナは高温と低温（塩）の2種類。高温サウナの室内はゆったりした造りで居心地良く、大きめのサウナストーンが発汗をマイルドに促してくれる。嬉しいのはどちらのサ室にも水風呂が近くにあること。井戸水を使った水風呂は11℃前後で、じっくり温まった体を冷涼感が一気に包み込む。

昼は太陽光がさんさんと降り注ぎ、夜は満天の星空が広がる外椅子は、極上の外気浴体験が期待できるベストポジション。露天風呂は湯量も豊富なモール泉。レストランの人気ナンバー1のあんかけ焼きそばもサ飯にぴったり！（新目）

- 恵庭市恵南4-1
- 0123-32-4171
- JR恵庭駅から車で約7分
- 大人(中学生以上)470円、小学生150円、幼児無料
- 11時〜23時(最終受付10時20分)、無休

ドライ　塩　ロウリュ
男女とも1　男女とも1

セルフ　ととのい　外気浴
ロウリュ

里の森 天然温泉 森のゆ
さとのもりてんねんおんせん　もりのゆ

　札幌に隣接する北広島市の国道274号沿い、パークゴルフ場のクラブハウスにある日帰り温泉施設。その名の通り、豊かな〝里の森〟が自慢で、浴室からは恵庭岳など札幌周辺の山並みが、東側からは深い森が広がり、ドライサウナ室の横長窓からも眺望できる。水風呂はサ室を出てすぐにあり、水深1メートルと深めなので立ったまま肩まで浸かれるのも嬉しい。

　2023年6月には露天風呂の外気浴エリアにサンベッドが設置され、遠くから時折響く線路音をBGMに、足を伸ばしてリラックスできるようになった。ジンギスカン・焼肉、そば、カレーなどサ飯にふさわしいレストランメニューも豊富。美肌作用の高い温泉でさらなる整いを満喫できる。（新目）

- 🏠 北広島市西の里511-1
- 📞 011-375-2850
- 📍 JR上野幌駅から徒歩約8分
- ¥ 大人800円（土日祝・特定日は850円）、小人（6歳〜12歳）300円、5歳以下無料
- 🕘 9時〜22時（最終入場21時30分）、無休

tower eleven onsen & sauna
たわーいれぶん　おんせんあんどさうな

　野球場で試合観戦すること。サウナでととのうこと。全く異なるふたつの大いなる快感を一度に味わえる、世界で唯一の場所がここ。浴場は球場併設のホテルTOWER11の3階部分。浴場エリアはシンプルで洗練された男女別の温泉浴場が左右にあり、その中心に水着着用で男女がともに楽しめるサウナと、クールダウンの水風呂、モール温泉風呂、予約制の24席は試合日には観戦シートとしても利用でき、試合がない日は自由に座れる。また、テラス内にはバーも併設しており、サウナ後にはバーゾーンで食事も楽しめる。

　サウナも球場の眺めが抜群の大窓付き。最奥に熱々のストーンを抱いたハルビアのストーブが2台。30分置きにセルフロウリュもできる。入り口と奥とで10℃ほどの温度差があり、ベンチも3段あるので体調や好みで最適な温度を選びやすそうだ。（小野寺）

🏠 北広島市Fビレッジ1番地
tower eleven onsen & sauna3F

📍 JR北広島駅から徒歩20分、シャトルバス5分

💴 試合のない日：大人（中学生以上）2500円、子供（4歳〜小学生）1250円、4歳未満無料
試合のある日：デーゲームの場合大人4000円（11時〜21時）、試合終了〜21時は2500円、ナイトゲームの場合大人2500円（11時〜14時30分）、4000円〜（16時〜22時）、デーゲーム開催日、ナイター開催日の16時以降のチケットはエスコンフィールド入場券付き（コンコースからの試合観戦などが可能）、水着レンタル1000円

🕐 試合のない日：11時〜21時（最終入場20時30分）
試合のある日：デーゲームの場合11時〜21時 ナイトゲームの場合11時〜14時30分（最終入場14時）、16時〜試合終了まで（最終入場21時）

069

湖畔の宿支笏湖 丸駒温泉旅館
こはんのやどしこつこ　まるこまおんせんりょかん

　近年、経営が変わり、新たな客層を獲得している。特に「サウナ」を中心とする浴場のリニューアルは、ブームの追い風も受けて20〜30代の客層にも響いた。

　展望大浴場のサウナは、男性側はロウリュ可能なMISAのストーブを置き、フィンランド式へと変更。熱めの室温だが、ベンチが二段あり温度も選択できる。女性側は1995年にスウェーデンから輸入したバレルサウナを大切に使い続けている。

　家族や仲間と気兼ねなく楽しめる貸切風呂にもバレルサウナが設置されており、至福の時を分かち合える。

　さらに新たなスタイルとして、環境に優しい北海道産の木質ペレットを使用するサステナブルなストーブ利用の独立型「貸切屋外サウナ」もスタート。（小野寺）

🏠 千歳市幌美内7
📞 0123-25-2341
📍 札幌中心部から車で国道453号経由約1時間10分
💴 1泊2食（2名1室、税サ込）：
　大人19500円〜
　日帰り入浴：
　中学生以上1200円、
　小学生600円、
　幼児（3歳以上）300円、
　幼児（3歳未満）無料
🕙 10時〜14時（退館15時）

新千歳空港温泉
しんちとせくうこうおんせん

北海道で"空港サウナ"が楽しめる唯一のスポット。サウナはドライとミストの2種類。テレビ付きのドライサウナ室は70〜80℃とマイルド設定だが、ストーブは愛好者に人気の高いiki製なのが目を引く。水風呂と外気浴スペースもあり。人数制限をする場合があり、浴室が混雑することがないのもありがたい。

壁一面のマンガ棚にテンションが上がる「読書処」や、女性専用スペースもあるリラックスルーム、無料の休憩室、食事コーナーなど館内施設も色々あり、フライト前後に必ず立ち寄るリピーターもいるのだとか。2023年12月から入館料を値上げしたので、その分余裕を持って利用し、思う存分リフレッシュしたい。（新目）

- 🏠 千歳市美々987-22
- 📞 0123-46-4126
- 📍 新千歳空港国内線ターミナルビル4階
- 💴 1泊素泊まり：大人9000円〜
  日帰り入浴：大人2600円、子供1300円、未就学児無料※早朝、深夜料金あり
- 🕐 10時〜翌9時(サウナ利用可能時間：10時〜翌7時30分)

ドライ／ミスト／ロウリュ／ロウリュ／ととのい／外気浴
男女とも1／男女とも1

小樽天然温泉 湯の花 手宮殿
おたるてんねんおんせんゆのはな　てみやでん

温泉施設「湯の花」の第1号店。サウナはミストとドライの2種類あり、強烈な噴霧で水蒸気を全身で浴びながらじっくり温まれるミストは根強い人気がある。水風呂はナトリウム－塩化物冷鉱泉の源泉かけ流し。かけ湯も同じ冷鉱泉を加温した源泉100％で、入浴前はもちろん、仕上げの湯として湯上がり前に利用すると温泉の保温・浸透作用の持続が期待できるそう。

露天エリアにはテレビ付きの岩風呂とオリジナルマスコット・ゆうゆくんがお湯を注ぐ信楽焼きの壺風呂が。浴場壁の小樽運河と日和山灯台＆錬御殿のタイル画には「お世話になった小樽の人たちに憩いの場を提供したい」という創業者の思いが込められている。（新目）

- 🏠 小樽市手宮1-5-20
- 📞 0134-31-4444
- 📍 JR小樽駅より車で約10分
- 💴 大人880円、小学生400円、幼児(1〜5歳)200円、乳児(0歳)無料
- 🕐 9時〜23時、無休

ドライ／ミスト／ロウリュ／セルフロウリュ／ととのい／外気浴
男女とも1／男女とも1

小樽天然温泉 湯の花 朝里殿
おたるてんねんおんせんゆのはな　あさりでん

　ドラマ「サ道」に"伝説の熱波師"として本人役で出演したエレガント渡会さんが2023年4月から顧問に就任し、道内外のファンから一躍注目の的となった日帰り温浴施設「天然温泉 湯の花」。同年5月の熱波&トークイベントは先着50人枠が1分で完売する人気ぶり。その会場となった「朝里殿」は22年秋に和風サウナ室にオートロウリュを導入。

　また、渡会さん監修のオリジナルMOKUタオルやTシャツを販売するなど、サウナ施設として進化中。手宮殿（小樽）、定山渓殿（札幌）、江別殿の系列3店舗もそれぞれ広めのドライサウナ室があり、多種多様な浴槽やリラクゼーションメニューを用意。施設ごとに泉質が異なるので、湯&サウナ巡りするのもお薦めだ。（新目）

- 小樽市新光5-12-24
- 0134-54-4444
- 札樽自動車道朝里ICから車で約2分
- 大人（中学生以上）880円、小学生400円、1歳〜5歳200円、0歳無料
- 9時〜23時、無休

 男女とも1
 ミスト
 オートロウリュ
 ロウリュ
 ととのい
 外気浴

岬の湯しゃこたん
みさきのゆしゃこたん

　サウナ浴の癒しのかなめ、外気浴。その舞台として、これほど爽快な場所もないだろう。

　比類のない海の露天。素朴な木製の座椅子が海向きに点々と。空が青い。海がなお青い。左手には神威岬、右手には積丹岬。潮風が額の汗をさらう。目を閉じれば波の音。カモメの声。日没が迫れば空も海も、息を呑む茜色に輝き出す。

　肝心のサウナは、セルフロウリュ可能なハルビア製ストーブを備えた湿式サウナ。壁には男性はミズナラ、女性はミズナラの香り板もあり、程よい湿度とともに木の香りも堪能できる。浴後の水風呂では、季節により変動するが、15℃ほどの積丹の天然地下水を全身でどっぷりと味わえる。（小野寺）

- 🏠 積丹町野塚町212-1
- 📞 0135-48-5355
- 📍 JR小樽駅から車で国道229号経由約1時間10分
- 💴 大人900円、小人450円、小学生未満無料
- 🕐 夏季(4月〜10月)は12時〜20時、冬季12時〜19時、夏季は水曜定休、冬季は水曜と木曜(祝日は開業)
- ※ 2024年5月に最大16人が利用できる一棟貸し切り宿もオープンした

ニセコ駅前温泉 綺羅乃湯
にせこえきまえおんせん　きらのゆ

　ニセコエリアでフィンランド式サウナが楽しめる貴重なスポット。浴場は和風と洋風の2種類で男女日替わり。どちらにもサウナ室があり、アロマ水のセルフロウリュOK。サ室にTVはなく、地元のコミュニティラジオ番組が流れる。サ室・水風呂・休憩椅子がすべて露天スペースにあって導線もばっちり。建物内には焼きたてパンとケーキの店やリラクゼーションコーナーがあり、地元野菜や土産物が並ぶ売店ブースには、ここでしか手に入らないサウナグッズも！

　建物の外観は、打ちっ放しのコンクリートとガラス張りを組み合わせたスタイリッシュな雰囲気。JRニセコ駅前という絶好の立地にあり、夏は避暑客、冬はスキー客など年間約12万人が訪れる人気の日帰り温泉だ。（新目）

- ニセコ町中央通33
- 0136-44-1100
- JRニセコ駅から徒歩1分
- 大人（高校生以上）600円、小人（小・中学生）250円、幼児（小学生未満）無料
- 10:00〜21:30（最終受付21時）、第2・第4水曜日定休
- ※ 8月〜10月は定休日なし

岩見沢温泉　ほのか
いわみざわおんせんほのか

　高温サウナのベンチは3段。室温は男性90℃前後、女性は85℃前後。扉横に水風呂があり温度は12℃ほど。また女性湯だけに、50℃目安の優しい室温のミストサウナで塩マッサージができる引き締め効果抜群の「塩サウナ」もある。露天エリアでは、温泉と並んで存在感を放つのがフィンランド式「バレルサウナ」。温度は80℃くらいで、ロウリュにも程よい。

　室温が異なる3カ所の岩盤浴では男女一緒に湯衣を着て体を芯から温められる。その1つの「龍蒸洞」は、左右に二段の木のベンチ、中央に三連のサウナストーブを置くフィンランドサウナとのハイブリッド版。ここで毎日4回、スタッフによるロウリュが無料開催される。エンタメ性に富んだ熱波の時間は、未経験の人こそ体験すべきだ。（小野寺）

- 岩見沢市上幌向南1条1丁目1196-2
- 0126-35-5526
- JR上幌向駅から徒歩11分
- 大人950円、子供（3歳〜小学生）350円、3歳未満無料　※土日祝、早朝、深夜料金あり
- 10時〜翌9時（最終受付7時30分）、無休
- ※ タオルセット150円、岩盤浴用大判タオル150円などレンタル各種あり

おふろcafé　星遊館
おふろかふぇ　せいゆうかん

　バリエーションに富み人気が高いサウナ。大浴場の内風呂には、温度、湿度ともに高めな「フィンランド式サウナ」、低めの温度と塩の作用でじっくりとデトックスする「塩サウナ」、そして露天に樽型の「バレルサウナ」の3つが揃う。

　「フィンランド式サウナ」の温度設定は90℃前後。セルフロウリュで好みの湿度や体感温度に近づけられ、また定期的に熱波イベントも開催される。

　塩サウナは一転して、温度は低め。フィンランドで伝統的な樽型のバレルサウナは、露天エリアを取り囲む木立にも調和する。熱や蒸気がまんべんなく行き渡り、バーチ、ユーカリなどの日替わりのアロマロウリュと木の香りも心地いい。（小野寺）

- 芦別市旭町油谷1
- 0124-23-1155
- 道央自動車道滝川ICから車で約50分
- 1泊2食(税込):大人15000円〜 日帰り入浴:平日120分大人900円、小学生400円、フリータイム大人1300円、小学生600円、土日祝日料金あり
- 6時〜22時

三笠天然温泉　太古の湯スパリゾート
みかさてんねんおんせん　たいこのゆすぱりぞーと

　「太古の湯」の名にふさわしい樹齢六百年から千年ものヒバ等で設えた風格ある温泉浴場は、サウナもなかなかの味がある。

　乾式のマグマサウナは、ゆったりしたベンチが三段。体にあった温度でじっくり汗をかいた後は、木肌の感触が心地よい水風呂で体を伸ばせる。水は17℃ほどのまろやかな天然水で、ほてりを優しく鎮めてくれる。

　ミスト式の岩盤浴も浴場内に。富士山の溶岩を切り出した岩盤を使用。男女別なので浴着をつけずにゆっくりできるのがまたいい。

　露天には外気浴用の椅子も。よく温もる食塩泉の湯船含めて、疲れを癒したい。（小野寺）

🏠 三笠市岡山1042-20
📞 01267-2-8700
📍 札幌から車で道央自動車道　三笠IC経由約50分
💴 1泊2食（税込）：「別邸旅籠」にて14700円～
素泊まり（税込）：「HOTEL TAIKO」にて6000円～
日帰り入浴（館内着・フェイス・バスタオル付）：中学生以上880円、小人550円、幼児450円、土日祝は大人980円、小人600円、幼児450円
🕙 10時～22時（最終受付21時）

湯の元温泉旅館
ゆのもとおんせんりょかん

　桂沢ダム方面への山あいの道をいくと、ふと現れる一軒宿にこぢんまりとしたサウナがある。スタンダードな乾式サウナで、ベンチは二段。上段に座るか、下段に落ち着くかで、体に無理のない好みの温度に入り分けることができる。

　水風呂は無く、クールダウンするなら露天エリアの椅子で。シャワーで汗を流し、体を軽く拭いて椅子に腰を下ろせば、山の緑をかすめた風が心地よくほてりをさます。（小野寺）

🏠 三笠市桂沢94番地
📞 01267-6-8518
📍 道央自動車道三笠ICから車で約35分
💴 1泊2食（税込）:大人11440円〜
　　日帰り入浴:大人(中学生以上)600円、
　　　　　　　小学生250円、
　　　　　　　3歳〜小学生未満100円
🕐 火〜金曜15時〜20時（最終受付19時30分）、
　　土日月曜・祝日10時〜20時（最終受付19時30分）
　　※6〜9月は10時〜21時（最終受付20時30分）

男女とも1 / ミスト / ロウリュ / ロウリュ / ととのい / 外気浴

ユンニの湯
ゆんにのゆ

　札幌から車で約60分、南空知にある田園都市・由仁町唯一の温泉宿。褐色がかったコーヒー色のお湯が自慢だが、男女各1室のドライサウナも人気。大きめストーンを載せたサウナストーブ（ロウリュ不可）の背後がレンガ壁のため、輻射熱で体感温度より発汗しやすいのがポイントだ。サ室を出てすぐのシャワー＆水風呂でさっぱりしたら、庭園露天風呂スペースで外気浴を。女性風呂にはハーブ湯が楽しめる東屋にベンチもある。

　休憩所はカナダ産ホワイトパインを使ったログハウス風で、漫画や食事で一休みする家族連れも多い。地元産サツマイモ・由栗いもを使ったオリジナル商品も開発。2024年3月には「ユンニサウナWEEK」と題し、スタッフが熱波サービスなどを行った。好評につき、1泊2食熱波付き宿泊プランもある。（新目）

🏠 由仁町伏見122
📞 0123-83-3800
📍 札幌から車で約1時間、JR由仁駅から車で約5分
💴 1泊2食（税込）:大人13500円〜
　　日帰り入浴:大人(中学生以上)800円、小学生400円、幼児無料
🕐 5時30分〜8時、10時〜21時

男女とも1 / ミスト / ロウリュ / ロウリュ / ととのい / 外気浴

洞爺湖 鶴雅リゾート 洸の謌
とうやこつるがりぞーとひかりのうた

　鶴雅グループで最も新しいラグジュアリーホテル。48室の客室は露天風呂を備える別荘感覚の客室、ファミリーや愛犬に優しい客室などバリエーション豊かだ。

　温泉浴場は大窓から自然光が降り注ぐ湯空間。サウナ室は一転して間接照明のみの静謐な癒しの場だ。ストーブはハルビア製で、サウナストーンに一定時間毎にアロマ水が降り注ぐオートロウリュスタイル。ベンチは二段で、座面の角が丸みを帯びており、座り心地がとても優しい。

　クールダウンは温度の違う2つの水風呂で、好みに応じて。露天エリアでは洞爺湖を望みながら外気浴を味わいたい。（小野寺）

🏠 壮瞥町壮瞥温泉88-26
📞 0142-82-7160
📍 道央自動車道虻田洞爺湖ICから車で約12分
💴 1泊2食(税込)：大人28050円～
　　日帰り入浴：不可
※ JR洞爺駅から無料送迎バスあり(要予約)、JR札幌駅から有料送迎バスあり(要予約)

祝いの宿 登別グランドホテル
いわいのやど　のぼりべつぐらんどほてる

　名湯・登別温泉にある話題の"エンタメサウナ"といえば、登別グランドホテルに2022年9月に登場した「鬼サウナ」だろう。鬼の棍棒を模した金色フレームのサウナストーブ＆大量ストーンでサウナ室は110℃の超高温、屋外には青鬼と赤鬼をイメージした2つの羽釜風呂（16℃の水と43〜44℃の温水）を並べて温冷交代浴もできるという発想は、サウナブームの火付け役・ととのえ親方こと松尾大さん（札幌出身）によるもの。セルフウィスキングなどが楽しめる「清流サウナ」（80℃）、高さ170cmの「巨大樽水風呂」（※4〜11月限定、12歳以下禁止）と、登別ならではのサウナを追求する試みは、23年7月にお披露目された「熊サウナ」で一旦完了。

　気になる「熊サウナ」は熊が冬眠する穴倉をテーマとし、80℃のサウナ室ではアイヌ伝統工芸職人・尾崎剛さん制作の熊レリーフにウォーリュしたり、道産の水出し熊笹茶をセルフロウリュしたりとマイルドぬくぬくサウナが楽しめる。日帰り入浴OKだが、「鬼サウナ」と「熊サウナ」のある大浴場は男女日替わりにつき、宿泊してどちらも体験したい。（新目）

- 登別市登別温泉町154
- 0143-84-2101
- JR登別駅から車で約10分
- 1泊2食（税サ込）：大人13200円〜、日帰り入浴：大人（中学生以上）2000円、子供（2歳〜小学生）1000円
- 7時〜10時（最終受付9時）、12時30分（月・木曜14時30分）〜20時（最終受付19時）
- ※「鬼サウナ」は日替わりで男女入れ替え

きたゆざわ 森のソラニワ
きたゆざわもりのそらにわ

　子どもが喜ぶ温泉リゾートに2023年3月新登場したのが「かまくらサウナ」。水着やポンチョを着用し、昼は家族やカップルがコミュニケーションサウナとして一緒に入れ、18時以降は大人（18歳以上）が本格フィンランド式サウナを静かに味わえる。サービスも多彩で、1日2回・約3分間のキッズタイムでは、水鉄砲を使ってロウリュをチャージするなどのイベントに参加した子ども（5歳以上）に冷え冷えアイスをプレゼント。20時頃と21時30分頃にはスタッフがアウフグース。

　朝の8時〜10時には、キューゲル（アロマ氷）をロウリュ用ストーンにくべ、アロマの香りと氷の解ける音を五感で楽しむ「かまくらキューゲルアイス」を実施。大切な誰かとサウナの思い出をここで刻みたい。（新目）

- 伊達市大滝区北湯沢温泉町300-7
- 0570・026・574
- JR伊達紋別駅から車で約35分
- 1泊2食(税込)：大人12100円〜
  日帰り入浴：大人1500円、小人（3歳〜小学生）750円、2歳以下無料
  ※湯元ホロホロ山荘とのセット料金あり
- 10時〜21時（最終受付20時）

 男女とも1　 男女共用　 ロウリュ
 ロウリュセルフ　 ととのい　外気浴

貸切別荘　豊水館
かしきりべっそう　ほうすいかん

　目の前が雄大な太平洋というロケーション。貸切別荘の魅力が詰まった豊水館。源泉かけ流しの温泉だけではなく、セルフロウリュが楽しめるサウナも魅力。ロウリュによる体感温度の高まりを逆算しつつ、室温や加湿のタイミングを自分好みにコントロールできる。

　水風呂はないものの、とびきりのクールダウンは、潮風と向き合う外気浴だ。シャワーで汗を流してデッキに出れば、海が全身に染み渡る。（小野寺）

- 🏠 白老町竹浦115-15
- 📞 090-7054-9752
- 📍 JR虎杖浜駅から車で4分
- 💴 1棟貸し素泊まり（税込）：平日29000円〜（2人まで）、日祝日32000円〜（2人まで）、2人以降は1人増えるごとに+6000円
  ※期間限定学生プランあり
  日帰り入浴：不可

男女とも1　ミスト　ロウリュ　ロウリュ　ととのい　外気浴

グランドブリッセンホテル定山渓
ぐらんどぶりっせんほてるじょうざんけい

- 🏠 札幌市南区定山渓温泉東4丁目328
- 📞 0120-489-353
- 📍 JR札幌駅から車で約50分
- 💴 大人温泉展望風呂付き客室は1人25300円〜、その他の客室は1人19800円〜
- 🕐 （エステ＆ランチ付き）：大人8800円、12時〜19時、事前予約制

男女とも1　男女とも1　ロウリュ　ロウリュ　ととのい　外気浴

新琴似温泉　壱乃湯
しんことにおんせん　いちのゆ

- 札幌市北区新琴似2条8丁目8-1
- 011-762-1126
- JR札幌駅から車で約20分
- 大人500円、小人150円、未就学児80円
- 11時～24時（最終受付23時30分）、無休

男女とも1　ミスト　ロウリュ　ロウリュ　ととのい　外気浴

ていね温泉ほのか
ていねおんせんほのか

- 札幌市手稲区富丘2条3丁目2-1
- 011-683-4126
- JR札幌駅から車で約25分
- 大人1300円、小学生以上350円、幼児無料
  ※土日祝、早朝、深夜料金あり
- 朝6時～深夜2時、無休
- ※ JR手稲駅・地下鉄宮の沢駅より無料送迎バスあり

男1女2　女のみ1　ロウリュ　ロウリュ　ととのい　外気浴

湯の郷 絢ほのか 札幌清田
ゆのさと　あやほのか　さっぽろきよた

- 札幌市清田区清田2条3丁目2-26
- 011-881-2686
- JR札幌駅から車で約30分
- 大人（中学生以上）1300円、
  シルバー（65歳以上）1000円、
  小人（3歳～小学生）350円、3歳未満無料
  ※土日祝、早朝、深夜料金あり
- 朝6時～深夜3時、無休

男女とも1　男女とも1　ロウリュ　ロウリュ　ととのい　外気浴

えにわ温泉ほのか
えにわおんせんほのか

- 恵庭市戸磯397-2
- 0123-32-2615
- JRサッポロビール庭園駅から徒歩約13分
- 大人（中学生以上）1050円、小人（小学生）300円、小学生未満無料、土日祝・特別日大人1200円、小人350円
- 9時～24時（最終受付23時30分）、無休

男のみ1　女のみ1　ロウリュ　ロウリュ　ととのい　外気浴

湯処ほのか
ゆどころほのか

- 北広島市虹ヶ丘1-8-6
- 011-374-2615
- JR札幌駅から車で約35分
- 平日大人1050円、小人300円、幼児無料、土日祝大人1200円、小人350円
- 平日9時〜23時、土日9時〜24時
  ※最終受付は30分前、無休
- ※ JR新札幌駅から無料送迎バスあり

男女とも1　男1　女1　ロウリュ　ととのい　外気浴

千歳乃湯えん
せんさいのゆえん

- 千歳市真々地3-1-1
- 0123-40-1031
- JR千歳駅から徒歩約35分
- 大人490円、小人150円、幼児無料
- 10時〜23時(入館受付22時30分)、無休

男女とも1　ミスト　ロウリュ　ロウリュ　ととのい　外気浴

小樽朝里川温泉　宏楽園
おたるあさりがわおんせん　こうらくえん

- 小樽市新光5-18-2
- 0134-54-8221
- 札樽自動車道朝里ICから車で約1分
- 1泊2食(税込)
  大人26400円〜(時期により変動あり)
  日帰り入浴:不可
- ※ 男女入れ替え施設

男女とも1　ミスト　ロウリュ　ロウリュ　ととのい　外気浴

小樽温泉 オスパ
おたるおんせん　おすぱ

- 小樽市築港7-12
- 0134-25-5959
- JR小樽駅から車で約10分
- 大人850円、小人(3歳〜小学生)300円
- 9時30分〜24時、水曜は13時〜24時、無休

男女とも1　ミスト　ロウリュ　ロウリュ　ととのい　外気浴

ホテル甘露の森
ほてるかんろのもり

- 🏠 ニセコ町ニセコ415
- 📞 0136-58-3800
- 📍 JRニセコ駅から車で約15分
- 💴 1泊2食(税込):大人15620円〜
  日帰り入浴:大人1500円、小学生300円、未就学児無料
- 🕐 11時〜21時(土日祝は〜16時)、無休
- ※ サウナ付き貸し切りファミリー風呂あり(事前予約制)

まっかり温泉
まっかりおんせん

- 🏠 真狩村緑岡174-3
- 📞 0136-45-2717
- 📍 JRニセコ駅から車で約15分
- 💴 大人(中学生以上)600円、小人(小学生)250円、未就学児無料
- 🕐 〈4月〜9月〉10時〜21時、〈10月〜3月〉11時〜21時
  ※最終受付は20時30分、月曜定休

いわない高原ホテル
いわないこうげんほてる

- 🏠 岩内町野束505
- 📞 0135-62-5101
- 📍 岩内バスターミナルから車で約15分
- 💴 1泊2食(税サ込):大人18850円〜
  日帰り入浴:大人(中学生以上)1000円、小人(小学生)600円
- 🕐 15時〜21時、不定休

ゆべつのゆ

- 🏠 寿都町湯別町下湯別462
- 📞 0136-64-5211
- 📍 JR小樽駅から車で約1時間50分
- 💴 大人600円、小人300円、幼児無料
- 🕐 10時30分〜21時、第1月曜定休

ドーミーイン PREMIUM 小樽
どーみーいんぷれみあむおたる

- 小樽市稲穂3-9-1
- 0134-21-5489
- JR小樽駅から徒歩約1分
- 1室2名利用1泊素泊まり(税サ込):5500円〜、小人(3歳〜小学生)3000円、2歳未満無料(時期やプランにより変動あり)
  日帰り入浴:不可

木ニセコ
きにせこ

- 倶知安町 ニセコひらふ1条3丁目8-5
- 0136-22-2121
- 新千歳空港から車で約2時間30分
- 1泊2食(税サ込):大人29700円〜(季節によって変動)
  日帰り入浴:不可

いわない温泉 高島旅館
いわないおんせん たかしまりょかん

- 岩内町野束505
- 0135-61-2222
- 岩内バスターミナルから車で約15分
- 1泊2食(税込):大人11150円〜
  日帰り入浴:不可

ピパの湯 ゆ〜りん館
ぴぱのゆ ゆーりんかん

- 美唄市東明町3区
- 0126-64-3800
- JR美唄駅から車で約10分
- 1泊2食(税サ込):大人14000円〜
  日帰り入浴:大人650円、小学生300円、幼児無料
- 7時〜21時(最終受付20時30分)、無休

上砂川岳温泉 パンケの湯
かみすながわだけおんせん ぱんけのゆ

- 上砂川町上砂川65-106
- 0125-62-2526
- JR砂川駅から車で約15分
- 1泊2食(税込):大人:8000円〜
  日帰り入浴:大人(中学生以上)500円、
  小人(小学生以下)300円、
  幼児無料
- 10時〜22時、土日祝日9時〜22時
  ※最終受付は21時30分、無休

イルムの湯 アグリ工房まあぶ
いるむのゆ あぐりこうぼうまあぶ

- 深川市音江町音江600
- 0164-26-3333
- JR深川駅から車で約15分
- 大人(中学生以上)500円、
  小人(小学生)300円、
  シルバー(65歳以上)400円
- 時間:10時〜22時、無休

ホテル ゆもと登別
ほてるゆもとのぼりべつ

- 登別市登別温泉町29
- 0143-84-2277
- 札幌南ICから車で道央自動車道経由約70分
- 1室2名利用1泊2食(税込):大人:16250円〜
  日帰り入浴:大人(中学生以上)1400円、
  小学生700円、
  幼児(2才〜小学生未満)300円、
  2歳未満無料
- 13時〜20時(最終受付19時)、無休

夢元 さぎり湯
ゆもとさぎりゆ

- 登別市登別温泉町60
- 0143-84-2050
- JR登別駅から車で約12分
- 大人490円、小人180円
- 7時〜21時(最終受付20時30分)、無休

苫小牧温泉ほのか
とまこまいおんせんほのか

- 苫小牧市糸井124-1
- 0144-76-1126
- JR苫小牧駅から車で約15分
- 大人(中学生以上)1050円、小学生300円、未就学児無料／湯着(館内着)かバス・フェイスタオルセット付き
- 9時〜24時(最終受付23時30分)、無休

男女とも1　女のみ1　ロウリュ　ロウリュ　ととのい　外気浴

オートリゾート苫小牧 アルテン ゆのみの湯
おーとりぞーととまこまい　あるてん　ゆのみのゆ

- 苫小牧市樽前421-4
- 0144-61-4126
- JR苫小牧駅から車で約30分
- 大人(中学生以上)600円、小学生300円、未就学児無料
- 10時〜22時、第3水曜定休
- ※ 男女入れ替え施設

男女とも1　ミスト　ロウリュ　ロウリュ　ととのい　外気浴

なごみの湯
なごみのゆ

- 苫小牧市柳町2丁目7-6
- 0144-57-0753
- JR苫小牧駅から車で約15分
- 大人(中学生以上)950円、小学生以下無料
- 日〜木・祝日10時〜23時、金・土・祝前日10時〜24時
  ※受付終了1時間前、無休

男女とも1　ミスト　ロウリュ　ロウリュ　ととのい　外気浴

佐竹旅館
さたけりょかん

- 苫小牧市東開町2丁目7-24
- 0144-55-0560
- 新千歳空港から車で約20分
- 1泊素泊まり(税込)大人:6300円〜
  日帰り入浴:不可

男女とも1　ミスト　ロウリュ　ロウリュ　ととのい　外気浴

伊達温泉
だておんせん

- 伊達市館山下町223
- 0142-25-1919
- JR伊達紋別駅から車で約4分
- 1泊素泊まり(税込)大人：4290円〜
  日帰り入浴：大人(中学生以上)490円、
  　　　　　小学生150円、幼児80円
- 8時〜23時、無休

登別温泉郷　滝乃家
のぼりべつおんせんきょう　たきのや

- 登別市登別温泉町162
- 0143-84-2222
- JR登別駅から車で約12分
- 1泊2食(税サ込)38500円〜
  日帰り入浴：不可

ホテルルートインGrand室蘭
ほてるるーといんぐらんどむろらん

- 室蘭市中島町2丁目22-2
- 050-5576-7700
- JR東室蘭駅から徒歩約7分
- 1泊素泊まり(税込)：大人7000円〜
  日帰り入浴：不可

望楼NOGUCHI登別
ぼうろうのぐちのぼりべつ

- 登別市登別温泉町200-1
- 0570-026570
- JR登別駅から車で約15分
- 1泊2食(税込)：大人2名1室39350円〜
  日帰り入浴：不可
- ※JR札幌駅・新千歳空港駅からの送迎バスあり
  (有料／要予約)

登別石水亭
のぼりべつせきすいてい

- 🏠 登別市登別温泉町203-1
- 📞 0570-026570
- 📍 JR登別駅から車で約15分
- 💴 1泊2食（税サ込）：大人12100円〜
  日帰り入浴：大人1200円、小学生600円、幼児無料
- 🕐 11時〜19時（最終受付18時）
- ※ JR札幌駅・新千歳空港駅から送迎バスあり（有料／要予約）

男女とも1 ミスト ロウリュ ロウリュ ととのい 外気浴

ザ レイクビューTOYA 乃の風リゾート
ざれいくびゅーとうや ののかぜりぞーと

- 🏠 洞爺湖町洞爺湖温泉29-1
- 📞 0570-026-571
- 📍 JR洞爺駅から車で約15分
- 💴 1泊2食（税サ込）：大人22000円〜
  日帰り入浴：不可
- ※ JR札幌駅からは1000円、新千歳空港からは1500円の送迎バスあり（要予約）

男女とも1 ミスト ロウリュ ロウリュ ととのい 外気浴

湯元 ホロホロ山荘
ゆもと ほろほろさんそう

- 🏠 伊達市大滝区北湯沢温泉町34
- 📞 0570-026-574
- 📍 JR伊達紋別駅から車で約35分
- 💴 1泊2食（税サ込）：大人9350円〜
  日帰り入浴：大人1200円、3歳〜小学生600円、2歳以下無料
- 🕐 10時〜21時（最終受付20時）、無休
- ※ JR札幌駅から送迎バスあり（片道1人1000円／要予約）

男女とも1 ミスト ロウリュ ロウリュ ととのい 外気浴

絶景の湯宿 洞爺湖畔亭
ぜっけいのゆやど とうやこはんてい

- 🏠 洞爺湖町洞爺湖温泉7-8
- 📞 0570-026571
- 📍 JR洞爺駅から車で約18分
- 💴 1泊2食（税サ込）：大人13200円〜
  日帰り入浴：大人1200円、小人600円
- 🕐 13時〜19時（最終入館18時）、無休
- ※ JR札幌駅からは1000円、新千歳空港からは1500円の送迎バスあり（要予約）

男女とも1 ミスト ロウリュ ロウリュ ととのい 外気浴

ドーミーイン東室蘭
どーみーいんひがしむろらん

- 室蘭市中島町2-30-11
- 0143-41-5489
- JR東室蘭駅西口から徒歩約5分
- 1室2名利用1泊素泊まり（税サ込）：
  大人4150円〜（時期やプランにより変動あり）
  日帰り入浴：不可

ドーミーイン苫小牧
どーみーいんとまこまい

- 苫小牧市錦町2丁目1-22
- 0144-32-5489
- JR苫小牧駅から徒歩約7分
- 1室2名利用1泊素泊まり（税サ込）：
  大人5150円〜（時期やプランにより変動あり）
  日帰り入浴：不可

新苫小牧プリンスホテル「和〜なごみ〜」
しんとまこまいぷりんすほてるわなごみ

- 苫小牧市双葉町3丁目2-8
- 0570-026-576
- JR苫小牧駅から車で約5分
- 1泊朝食付き（税込）：大人8500円〜
  日帰り入浴：不可

ルスツリゾート
るすつりぞーと

🏠 留寿都村泉川13
📞 0136-46-3111
📍 JR札幌駅から車で約90分

ルスツ温泉・・ことぶきの湯

1室2名利用1泊素泊まり:大人13500円〜、小学生10800円〜
※入湯税別途
※未就学児の添い寝は無料

日帰り入浴:大人1500円、4歳〜12歳750円、6時〜9時、14時〜25時
※夏季シーズンの日帰り入浴には、遊園地入園券・ウェルネス日帰りパックのいずれかが必要。掲載料金は冬季シーズンで、夏季シーズンは変動する場合があり

男1 女1 ロウリュ ロウリュ ととのい 外気浴

雪中テントサウナ&かまくら外気浴

1名利用1人16500円〜、
2名利用1人8200円〜、
3名利用1人7300円〜、
前日13時までの予約制
※1月中旬〜2月下旬のみの期間限定サウナ、
営業時間:14時〜16時、16時30分〜18時30分

男女共用1 ミスト ロウリュ ロウリュ ととのい 外気浴

ウェルネスルーム・プレミアムスイート

素泊まり2泊以上:
1室330000円〜、
素泊まり1泊のみ:
1室495000円〜
※1室2名まで、料金は変動の場合あり

男女共用1 ミスト ロウリュ ロウリュ ととのい 外気浴

サウスウイング大浴場

料金はルスツ温泉・・ことぶきの湯と同じ

男女とも1 ミスト ロウリュ ロウリュ ととのい 外気浴

ウェスティンルスツ温泉

1室2名利用1泊素泊まり:1室36600円〜
※料金は変動制、12歳以下の添い寝は無料、日帰り入浴の料金はルスツ温泉・・ことぶきの湯と同じ

男女とも1 ミスト ロウリュ ロウリュ ととのい 外気浴

ルスツリゾート Pool & Sauna

7月中旬〜8月中旬のみの期間限定サウナ、2025年夏季シーズンの料金・営業時間は未定

男女共用1 ミスト ロウリュ ロウリュ ととのい 外気浴

ウェルネスルーム・スイート

素泊まり2泊以上:
1室99000円〜、
素泊まり1泊のみ:
1室148500円〜
※1室2名まで、料金は変動の場合あり

男女共用1 ミスト ロウリュ ロウリュ ととのい 外気浴

道南エリア

函館乃木温泉　なごみ
はこだてのぎおんせん　なごみ

　手頃な料金で上質な温泉を楽しめる日帰り湯だ。大浴場のサウナは遠赤外線の乾式サウナで、季節や男女の好み等も配慮して室温調整する。ベンチも四段あり、好みの温度でくつろぎやすい。より体に穏やかなミストサウナも用意されている。水風呂は19℃ほどの天然水。水自体も良質だが、毎日全換水して真新しく張り替えるという、確かな浴槽清掃が質の高さを押し上げる。ちなみに露天の石風呂や内湯なども全て源泉かけ流しのうえ、水風呂同様に毎日換水して新湯を満たしている。サウナ後の休憩椅子は内湯にも露天にも置いてある。

　女性だけの嬉しいサービスとして、別室の岩盤浴を無料提供している。岩盤浴用にバスタオルを2枚持参すれば（有料の貸し出しあり）体が芯から温まる。（小野寺）

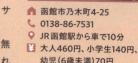

- 函館市乃木町4-25
- 0138-86-7531
- JR函館駅から車で10分
- 大人460円、小学生140円、幼児（6歳未満）70円
- 11時〜23時、無休

男女とも1　男女とも1　ロウリュ

ロウリュ　ととのい　外気浴

花びしホテル
はなびしほてる

　1948年創業の湯の川温泉の湯宿。館内は中央に風雅な日本庭園を配し、内装には障子や畳をふんだんに。131室の鉄筋ホテルでありながら『昔ながらの小さな旅館』を思わせる味わい深い宿だ。

　浴場も魅力に富む。特に格子の庇から程よく光と風を取り込む庭園露天には、木の樋で湯を送るかけ流しのヒノキ風呂に岩風呂、陶器風呂が揃い、情趣も満点。

　サウナは遠赤外線型のドライサウナで、ベンチは二段。TV等もなく、ゆったり静かな時間を堪能できる。

　水風呂は露天エリアにあり、男性の水風呂は数人が浸かれる岩組の風呂で、女性湯ではひとり用の陶器風呂がそれ。浸かってみると水が揺れず、とても居心地が良かった。（小野寺）

- 函館市湯川町1丁目16-18
- 0138-57-0131
- 函館市電「湯の川温泉」電停から徒歩2分
- 1泊2食（2名1室、税込）：12100円〜
  日帰り入浴：大人1400円、小人700円
- 15時〜21時（サウナ営業時間）

函館高温源泉　湯の箱こみち
はこだてこうおんげんせん　ゆのはここみち

　函館の住宅街に温泉。「高温源泉」の名に偽りはなく、源泉の温度は71.5度。なので温泉は、加水こそ必要だが、循環使用せずかけ流している。

　良質の温泉含めて、湯船は多彩。メインのサウナは設定温度が約90℃前後の、熱めのドライサウナだ。とはいえベンチは2段あり浴室も広めなので、その時々のコンディションにあった温度で汗を流せる。水風呂の温度はおよそ16℃前後。浴場内や露天エリアで一息つける椅子も十分な数が揃う。

　函館では唯一の24時間営業のスーパー銭湯で、2階の休憩室には別料金のカプセルベッドも用意されており、函館旅のプランニングの幅が広がりそうだ。（小野寺）

- 函館市昭和3丁目22-1
- 0138-42-2111
- JR五稜郭駅から車で約5分
- 4時〜24時の基本料金
  大人(16歳以上)880円、
  中学生390円、
  小学生140円、
  未就学児は無料
  ※深夜料金あり
- 24時間営業(ジャグジー・露天風呂は24時〜4時休止)、第一火曜定休(振替あり、要確認)

LC五稜郭ホテル
えるしーごりょうかくほてる

「サウナでととのうホテル」がコンセプト。本格的フィンランド式サウナは、男女別サウナではオートロウリュ、完全予約制のプライベートサウナではセルフロウリュを楽しむことができる。サウナの後にゆったりくつろぐための「ととのうルーム」を完備。日帰りサウナは受け付けていないが、完全予約制のプライベートサウナであれば日帰り利用も可能。水風呂、シャワー、ととのいスペースなど充実した設備でくつろぐことができる。

- 🏠 函館市本町29-26
- 📞 0138-30-3030
- 📍 函館市電五稜郭公園前駅から徒歩約3分
- 💴 1泊素泊まり(税込み)6500円〜
- ※ プライベートサウナは完全予約制、5000円(3人まで/120分)

ドライ／ミスト／ロウリュ／ロウリュ／ととのい／外気浴
男女とも1・男女共用1

湯元 花の湯
ゆもと　はなのゆ

函館市内の幹線道路沿いにある人気温泉施設。風呂だけでなく、サウナもバリエーション豊富で、週替わりで和風庭園露天と洋風庭園露天が味わえる。洋風には山小屋をイメージしたドライサウナのほか、露天には木製バレルの形状をしたバレルサウナが設置。サウナで温まった後には、北海道で初めて再現されたというハンガリー由来のソルトピット(岩塩洞窟療養所)という癒し空間もお薦め。ととのい部屋も開放感いっぱいだ。和風には野外にセルフロウリュも楽しめるコンクリート製の小さな小屋のサウナのほか、タイル張りのロウリュサウナもある。

- 🏠 函館市桔梗町418-414
- 📞 0138-34-2683
- 📍 JR函館駅から車で約20分
- 💴 大人500円、小人150円、幼児(0歳〜小学生未満)80円
  ※温泉入浴料とは別にサウナ利用料金大人1人130円、サウナは小人・幼児は入れない
- 🕙 10時〜22時、無休
- ※ 男女入れ替え施設

ドライ／バレル／ロウリュ／セルフ／ととのい／外気浴
洋風1和風2・洋風のみ1・ロウリュ・小屋1

知内温泉
しりうちおんせん

　「呼吸の間」と名付けた斬新なサウナ小屋を2024年6月にオープンさせた北海道最古の温泉旅館。道南スギを使用した合掌造りのユニークな建物に一歩入ると、内部はもう驚きの連続。まず肝心のサウナ室は、約60℃の高温源泉かけ流しによる蒸し風呂×サウナストーブ（エストニア・サウナム社「Saunum Pro Experience」を日本初導入！）の掛け合わせ。そして、天然水の水風呂があるエリアには、深さ1.3mの立ち湯が設けられ、約800年の歴史を誇る温泉の力をサウナと共に実感することができる。

　伝統と革新を融合させたこのダイナミックなサウナ体験をプロデュースしたのは、文化系サウナーチーム「CULTURE SAUNA TEAM "AMAMI"」の草彅洋平氏＆建築家・森屋隆洋氏。サウナ好きという18代目湯守・佐藤昌人氏の心意気も嬉しい、北海道発オリジナルサウナの誕生を寿ぎたい。（新目）

🏠 知内町湯ノ里284
📞 01392-6-2341
📍 JR函館駅から車で約1時間
💴 宿泊：梅プラン14150円〜
　 日帰り入浴：大人800円、
　 子供500円、幼児300円
🕐 7時〜20時30分（GW・お盆などの連休時は9時〜15時)、無休

男女共用2　ミスト　ロウリュ

ロウリュ　ととのい　外気浴

天然温泉　七重浜の湯
てんねんおんせん　ななえはまのゆ

　露天へのドアを開ければ目の前に津軽海峡が広がる。温泉サウナ室は、男性湯に2種類、女性湯には1種類が用意されている。共通しているのは比較的穏やかな温度に設定している遠赤外線サウナで、男性側は87℃から84℃ほど、女性側は84℃前後ぐらい。ベンチは二段でスペースもゆとりがあり、じっくりデトックスするのにいい。

　ガスのドライサウナだが、ストーブ間近には湿度調整用の水を置き、室内が乾燥し過ぎないよう配慮している。熱いサウナを好む男性客専用の高温サウナは、室温90℃超え。室内はやや狭くベンチは2段あり、上段はかなりの熱さだ。水風呂はやや浅めで、4人ほどが楽に入れるサイズ。

🏠 北斗市七重浜8-4-1
📞 0138-49-4411
📍 JR函館駅から車で12分
💴 一般料金（アメニティ付き）
880円、会員530円、小・中学生390円、未就学児無料
🕐 5時〜22時、不定休

ホテル万惣
ほてるばんそう

港町函館らしい異国情緒が織り込まれた擬洋風デザインが人気のおしゃれな温泉ホテル。「温泉リビング」という湯浴みのコンセプト通りで、露天、寝湯、壺湯など風呂も多彩で、温泉そのものを味わい尽くすことができる。ベンチにヒーターを格納したボナサウナと、良い香りが漂うアロマミストサウナもしくはアロマスチームサウナを楽しむことができる。

- 函館市湯川町1丁目15-3
- 0138-57-5061
- JR函館駅から車で約15分
- 1泊2食(税サ込):大人12650円〜 日帰り入浴:大人1300円、小人600円、土日祝日:大人2000円、小人1000円
- 15時〜22時(最終入館21時)、土・日13時30分〜22時(最終入館21時)、無休
- ※ 男女入れ替え施設

男女とも1 / 男女とも1 / ロウリュ / ロウリュ / ととのい / 外気浴

湯元谷地頭温泉
ゆもとやちがしらおんせん

- 函館市谷地頭町20-7
- 0138-22-8371
- 市電谷地頭電停から徒歩約5分
- 大人460円、小人(7歳〜12歳)140円
- 6時〜22時(受付終了21時)、第2火曜定休

男女とも1 / ミスト / ロウリュ / セルフ / ととのい / 外気浴

昭和温泉
しょうわおんせん

- 函館市昭和2丁目39-1
- 0138-42-4126
- JR函館駅から車で約15分
- 大人460円、小人(7〜12歳)140円、幼児(3〜6歳)70円
- 7時〜23時(最終入場22時30分)、無休

男女とも1 / ミスト / ロウリュ / ロウリュ / ととのい / 外気浴

ホテル 雨宮館
ほてる あまみやかん

- 函館市湯川町1丁目26-18
- 0138-59-1515
- 市電函館アリーナ前から徒歩約1分
- 1泊素泊まり(税サ込):大人4300円〜
  日帰り入浴:大人(中学生以上)800円、
  小人400円、
  幼児(一歳以上)200円
- 6時〜22時、無休

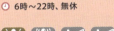

七飯町健康センター アップル温泉
ななえちょうけんこうせんたー あっぷるおんせん

- 七飯町中野194-1
- 0138-66-3601
- JR函館駅から車で約20分
- 大人(12歳以上)490円、
  中人(6歳以上12歳未満)150円、
  小人(5歳以下)80円
- 10時〜21時30分、火曜定休

ルートイングランティア函館駅前
るーといんぐらんてぃあはこだてえきまえ

- 函館市若松町21-3
- 0138-21-4100
- JR函館駅から徒歩約1分
- 1泊素泊まり(税込):大人6800円〜
  日帰り入浴:不可

OMO5函館 by 星野リゾート
おもふぁいぶはこだてばいほしのりぞーと

- 函館市若松町24番1
- 050-3134-8095(OMO予約センター)
- JR函館駅から徒歩約5分
- 1泊1室あたり朝食付き(税込み)31000円〜
  (入湯税別)
  日帰り入浴:不可

望楼NOGUCHI函館
ぼうろうのぐちはこだて

- 函館市湯川町1丁目17-22
- 0570-026-573
- JR函館駅から車で約15分
- 1名1室1泊2食(税込):大人35350円〜
  日帰り入浴:不可

男女とも1 ミスト ロウリュ ロウリュ ととのい 外気浴

HAKODATE 海峡の風
はこだて うみのかぜ

- 函館市湯川町1丁目18-15
- 0570-026-573
- JR函館駅から車で約15分
- 1泊2食(税込):2人1室で大人19950円〜
  日帰り入浴:不可

男女とも1 男女とも1 ロウリュ ロウリュ ととのい 外気浴

湯元 啄木亭
ゆもと たくぼくてい

- 函館市湯川町1丁目18-15
- 0570-026-573
- JR函館駅から車で約15分
- 1泊2食(税込、入湯税別):大人11000円〜
  日帰り入浴:大人1200円、小学生600円、
  幼児無料
- 6時〜9時、13時〜21時
  ※最終受付は1時間前、無休

男女とも1 ミスト ロウリュ ロウリュ ととのい 外気浴

湯の浜ホテル
ゆのはまほてる

- 函館市湯川町1丁目2-30
- 0138-59-2231
- JR函館駅から車で約15分
- 1泊2食(税サ込):大人8800円〜
  日帰り入浴:大人1000円、小人(小学生以下)700円、
  土日祝大人1200円、小人900円
- 13時〜20時(最終受付)、無休
- ※ 男女入れ替え施設、サウナの設置の浴場は「銀河」の
  みとなるため、曜日により、男女どちらかの利用になる。

1 ミスト ロウリュ ロウリュ ととのい 外気浴

ラ・ジェント・ステイ函館駅前
らじぇんとすていはこだてえきまえ

- 函館市若松町12-8
- 0138-84-8861
- JR函館駅から徒歩約1分
- 1泊朝食付き(税込)：オフシーズン8000円〜
  日帰り入浴：不可

男女とも1　ミスト　ロウリュ　ロウリュ　ととのい　外気浴

湯の川プリンスホテル渚亭
ゆのかわぷりんすほてるなぎさてい

- 函館市湯川町1丁目2-25
- 0138-57-3911
- JR函館駅から車で約15分
- 1泊2食(税サ込)：大人29400円〜
  日帰り入浴：不可
- ※ 写真は女性大浴場で男性大浴場のサウナは海側ではない

男女とも2　ミスト　ロウリュ　ロウリュ　ととのい　外気浴

ラビスタ函館ベイ ANNEX
らびすたはこだてべい　あねっくす

- 函館市大手町5-23
- 0138-24-2273
- JR函館駅から徒歩約8分
- 1泊朝食付き(税込)：大人23850円〜(時期により変動あり)※入湯税別途150円
  日帰り入浴：不可

男女とも1　ミスト　オート　セルフ　ととのい　外気浴

ラビスタ函館ベイ
らびすたはこだてべい

- 函館市豊川町12-6
- 0138-23-6111
- JR函館駅から徒歩約15分
- 1泊朝食付き(税サ込)：大人18000円〜
  (時期やプランにより変動あり)
  ※入湯税別途150円
  日帰り入浴：不可

男女とも1　ミスト　オート　セルフ　ととのい　外気浴

乙部温泉　いこいの湯
おとべおんせん　いこいのゆ

- 乙部町館浦527-2
- 0139-62-3264
- JR函館駅から車で約1時間30分
- 12歳以上400円、6歳〜11歳200円、5歳以下100円
- 11時〜21時、月曜休み

クアプラザピリカ

- 今金町美利河205-1
- 0137-83-7111
- JR国縫駅から車で約15分
- 1泊2食(税サ込):大人9500円〜
  日帰り入浴:大人550円、子ども200円
- 12時〜22時(最終受付21時)、無休

温泉ホテル　きたひやま
おんせんほてる　きたひやま

- せたな町北檜山区徳島4-16
- 0139-84-4120
- JR長万部駅から車で約1時間
- 1泊2食(税サ込):大人9390〜16650円
  日帰り入浴:大人 450円、
  　　　　　6歳以上12歳未満 150円、
  　　　　　3歳以上6歳未満 80円
- 10時30分〜22時(最終受付21時)、無休
- ※ 2024年11月に改修工事あり

温泉旅館 矢野
おんせんりょかん　やの

- 松前町福山123
- 0139-42-2525
- JR木古内駅から車で約1時間
- 1泊朝食付き(税サ込):大人7850円〜
  日帰り入浴:大人600円、小人300円
- 15時〜21時、無休

うずら温泉
うずらおんせん

　観光にもビジネス利用にも使い勝手の良いうずら温泉。浴場は1階にあり、トップライトから陽光が差し込む明るい設え。単純泉を満たす主浴槽とジャグジー、そしてサウナと水風呂がある。見た目はシンプルなサウナだが、建材はヒバの自生林北限の地・厚沢部にふさわしい総ヒバ造りの贅沢さだ。サウナ室はスタンダードなタイプのドライサウナで、比較的熱めの室温だ。ベンチが二段なので、好みと体調で入る場所を選ぶと良い。

- 厚沢部町鶉町853
- 0139-65-6366
- JR函館駅から車で国道227号経由約1時間
- 1泊素泊まり(税込):6370円〜
  日帰り入浴:大人(中学生以上)400円、
  小人(小学生以下)200円
- 13時〜21時、月曜定休(月曜祝日の場合は翌日)

厚沢部町　上里ふれあい交流センター
あっさぶちょう　かみさとふれあいこうりゅうせんたー

　林業が基幹産業の厚沢部町。サウナの内装にもさりげなく凝った木の意匠が施されていた。熱源はメトスの電気式ヒーターで、およそ90℃ほどに保たれている。小窓とテレビがあって、のんびり明るい雰囲気だ。サウナの水風呂は水道水ではなく、周辺にワサビやクレソンも育つ厚沢部山中の水源地から届く、まろやかな湧水だ。サウナ後にリラックスする椅子は内湯にある。

- 厚沢部町上里92
- 0139-64-3100
- JR函館駅から車で国道227号経由約1時間5分
- 中学生以上400円、
  小学生200円、未就学児無料
- 13時〜20時、月曜定休

グリーンピア大沼
ぐりーんぴあおおぬま

　親、子、孫の三世代がのびのび遊べる様々な施設や遊具が屋外にも館内にも揃い、四季折々に楽しめるグリーンピア大沼。種類だけでなく、なめらかな重曹泉をかけ流す露天など風呂好きにも満足のいく良質な温浴空間だ。

　サウナはヒバ材の香り高い落ち着いた雰囲気のロウリュサウナだ。室温は90℃から100℃と高めの設定なので、二段あるベンチの好みの温度を感じる場所でリラックスしよう。

　水風呂は12℃前後の冷たく心地よい地下水。慣れない人はシャワーで汗を流し、膝あたりまで浸かるだけでも温冷交代浴の作用は働く。休息は内湯の椅子や、露天エリアで風呂縁にかけて、心と体を鎮めたい。（小野寺）

📍 森町赤井川229
📞 01374-5-2277
📍 JR函館駅から車で約40分
💴 1泊2食（税込）：
　大人12300円〜
　日帰り入浴：大人 600円、
　シニア・学割 500円、
　小人 300円（3歳未満無料）
🕐 6時〜9時（受付終了8時）、
　11時〜21時（受付終了20時）

道北エリア

ニュー銀座サウナ
にゅーぎんざさうな

　旭川の銀座商店街にあるサウナスポット。八百屋をリノベーションした施設の2階がサウナフロアで、アロマ水でセルフロウリュも可能なサ室、日本酒の仕込み樽にどっぷり浸かれるユニーク水風呂、道産材を使ったリラクゼーションルームや外気浴スペースがコンパクトにまとめられている。

　運営するのは地元有志チーム「アサヒサウナ」。月曜から木曜は完全予約制なのでファミリーやカップルで貸切サウナを楽しめる。金土日祝日は男性限定で一般営業しているが、予約優先となっている。1階ではフードやドリンク、オリジナルグッズを販売。どこか懐かしい商店が立ち並ぶ歩行者天国の道路に面しているので、行きも帰りも心が弾む。（新目）

🏠 旭川市3条通14丁目678-4
📞 なし
📍 JR旭川四条駅から徒歩6分
💴 ※貸し切り(月〜木)
　　完全予約制
　　2時間2万円
　※一般営業(金土日祝)
　　※男性のみ
　　　1時間1200円
　　　1.5時間1600円
　　　2時間2000円
　フリータイム2500円
　延長10分ごと200円

SPA&SAUNA オスパー
すぱあんどさうな　おすぱー

　1988年創業の温浴施設が2023年1月に大浴場を全面改装。人気の遠赤外線サウナに加え、セルフロウリュサウナを新設し、外気浴ゾーンも用意。浴場中央にある地下水かけ流しの水風呂は仕切り付きで2人同時に入りやすく、もう一方の水風呂は季節で水温が変わるため「なりゆき風呂」と命名するなど楽しいアイデアが光る。男女ともほぼ毎日熱波サービスを行っているのも忘れてはならないオスパーの魅力。

　おにぎりなどサ飯メニューも充実。年中無休・24時間営業の"サウナパラダイス"に行かない理由がない！（新目）

- 旭川市宮下通16丁目3-1
- 0166-25-3200
- JR旭川四条駅から徒歩9分
- 1泊素泊まり(税込)：大人3890円〜、日帰り入浴(大小タオル、館内着付)：大人1350円、シルバー1150円、小学生680円、未就学児無料
  ※深夜料金あり
- 24時間営業(9時〜10時浴槽清掃中は入浴不可)

和風旅館扇松園
わふうりょかんせんしょうえん

大浴場には男湯・女湯ともにフィンランド式サウナと水風呂を完備。遠赤外線のサウナ室内はL字型の3段雛壇で、収容人数は約12名。温度は約86℃と高めの湿度でしっとりとした肌あたりが特徴。「汗がドバドバ噴き出てくる」とサウナーに人気だ。水風呂は地下水かけ流し。肌になじむ水質、さらに蛇口から出る地下水は飲用も可能なのだとか。(タカマツ)

🏠 旭川市高砂台3丁目8-3
📞 0166-61-5154
📍 道央自動車道旭川鷹栖ICから車で約10分
💴 1泊素泊まり(税込):大人8900円~、日帰り入浴:昼の部(10時30分~16時)大人900円、子供450円、夜の部(16時~21時、最終受付20時)大人1300円、子供650円
🕐 月曜定休

男女とも1　ミスト　ロウリュ　ロウリュ　ととのい　外気浴

高砂温泉
たかさごおんせん

2021年12月に全面リニューアルした。サウナ室内の壁にゲルマニウム・ラジウム・ホワイトシリカ・黄土石・麦飯石そして竹炭を使用しているそう。75~82℃と温度設定は低めだが、岩塩を熱することで放出される、遠赤外線効果によりじわじわと汗が出てくるのがたまらない。マイナスイオン・遠赤外線効果を身体いっぱいで感じてほしい。水風呂は2種類。自分の好みの水温を選んでリフレッシュをして。露天風呂にはイスとベンチがあり、外気浴もバッチリだ。(タカマツ)

🏠 旭川市高砂台8丁目235-1-5
📞 0166-61-0227
📍 JR旭川駅から車で約15分
💴 1泊素泊まり(税込):大人4200円~、日帰り入浴:大人平日午前600円、平日午後750円、土日祝850円、子供(小学生)300円、幼児100円※学生割引あり
🕐 6時~23時

男女とも1　ミスト　ロウリュ　ロウリュ　ととのい　外気浴

whisk/vihta
ウィスク／ヴィヒタ

ヴィヒタとは、シラカバの枝葉を束ねたもの。「ヴィヒタ抜きのサウナは塩抜きの料理」という言い伝えがあるほど本場フィンランドではサウナに欠かせないアイテムで、サウナ室に吊るして香りを楽しんだり、ウィスキング（ヴィヒタを使って体を叩くサウナ室のマッサージ法）に使ったりします。ここ北海道では、道産ヴィヒタ作りに汗を流す人もいます！

> オークは野生的で重厚な香りが特徴。サウナストーンでヴィヒタを温めながらロウリュすると、葉が柔らかくなり、放香が高まるとか♪

Moi Vihta!
モイ ヴィヒタ

広尾・大森ガーデンが2018年に立ち上げたヴィヒタブランド。十勝産のシラカバ、ジャパニーズオークの2種類を原料に、夏は収穫したての〝フレッシュヴィヒタ〟、それ以外の期間は〝乾燥ヴィヒタ〟を販売する。生産のきっかけは、2代目・大森謙太郎さんが交通事故の後遺症などで体調を崩した時、知人に勧められたサウナで調子を取り戻したことだそう。『サウナ愛好家によるサウナ愛好家のためのヴィヒタ』と銘打つ道産ヴィヒタは、丁寧な仕事ぶりと品質の高さから支持を広げている。

📞 問い合わせ／大森ガーデン
（FAX：01558-5-2647、通販サイトあり）

ジャパニーズオークのヴィヒタ（3,300円、送料別）

> フレッシュヴィヒタは爽やかで新鮮な香りが、乾燥ヴィヒタはスモーキーな深い香り！

白樺のヴィヒタ（3,300円、送料別）

OMO7旭川 by 星野リゾート「サウナ プラトー」
おもせぶんあさひかわ ばいほしのりぞーと さうなぷらとー

「旅のテンションあがる『街ナカ』ホテル」をコンセプトに星野リゾートが展開する「OMO」ブランドの第1号店「OMO7旭川」。その地下フロアにあるレトロな「サウナ プラトー」は、サウナ愛好家の道内屈指の"聖地"の一つ。

理由は、オート・セルフの各ロウリュが楽しめるドライサウナ（時間で男女入れ替え制）、足元の冷水が気持ちいいミストサウナ、強力バイブラの水風呂、「水中インフィニティチェア」で独特の浮遊感が味わえるウォーキングバス…といった施設の充実ぶりはもちろん、ドラマ「サ道」の2019年SP版ロケ地となったことも大きい。飲み放題のサウナドリンク、アイスバー、サ飯マップとサービス盛りだくさん。（新目）

- 🏠 旭川市 6条通9丁目
- 📞 050-3134-8095（OMO予約センター）
- 📍 JR旭川駅から徒歩12分
- 💴 2名1室あたり25000円〜（税込・食事別）
  日帰り入浴：不可

ワイズホテル旭川駅前
わいずほてるあさひかわえきまえ

駅近でアクセス抜群。国産ひのきの香りが漂う、心地よいドライサウナ室。温度は92℃でたっぷり汗をかき、20℃の水風呂でリフレッシュ。水道水のかけ流しで、冬場になるとさらに温度は低くなるそう。収容人数は4人のこちんまりとした小サ室だが、混み合いにくくゆっくりととのうことができる。大浴場＆サウナは、宿泊者のみ利用可能。（タカマツ）

- 🏠 旭川市宮下通 9丁目2-17
- 📞 0166-29-3255
- 📍 JR旭川駅から徒歩1分
- 💴 1泊素泊まり（税込）：大人6200円〜
  日帰り入浴：不可

ETANBETSU MARGINAL SAUNA　江丹別マージナルサウナ
えたんべつまーじなるさうな

　敷地全体を1組で貸し切る完全プライベートサウナ。四季折々の景色を楽しみながら、ゆっくりサウナを楽しみたい人におすすめ。水着を着用することで、男女一緒に利用もできるのだとか。江丹別の森の薪を使用した薪ストーブで身体を温め、好みでロウリュもできる。江丹別の地下水の水風呂はまろやかな肌あたりが特徴。外のテラスか休憩室で外気浴＆ととのいを。（タカマツ）

🏠 旭川市江丹別町拓北217
📞 －
📍 JR旭川駅から車で約35分
💴 平日3名まで1室（2時間30分）13200円、4名以降～1名追加ごとに3900円
　　※祝休日料金設定あり
🕕 6時30分～21時30分、2時間30分の5部制、月曜定休

男女とも1　ミスト　ロウリュ　ロウリュ　ととのい　外気浴

キトウシの森きとろん
きとうしのもりきとろん

　美しい田園風景が広がる東川町に、建築家・隈研吾氏がデザイン監修した温浴複合リゾートが2023年8月オープン。サウナ室は男女2種類ずつあり、町内産ローズマリーなどハーブを使ったナチュラル空間が楽しめるもの、旭岳登山のケルン（道しるべ）をストーブデザインに取り入れたもの、静かな夜の森をイメージしたもの、大きく設計された窓から見事な田園風景を眺められるものと、地域色あるテーマに基づく異なった内装が魅力。

　全室ハルビアの設備を導入し、セルフロウリュOK。大雪山系の伏流水をくみ上げた東川町自慢の地下水をたっぷり注いだ水風呂を用意し、外気浴も時間制限なし。レストランやショップも備えた東川町の新サウナスポットへの注目は高まりそうだ。（新目）

🏠 東川町西4号北46
📞 0166-82-7010
📍 JR旭川駅から車で30分
💴 大人（高校生以上）1000円、小人（小・中学生）500円、幼児無料※町民料金あり
🕕 10時～22時（最終受付20時30分）、水曜定休
※ 写真は今田耕太郎撮影

男女とも1／男女共用1　ミスト　ロウリュ　ロウリュ　ととのい　外気浴

せいわ温泉 ルオント
せいわおんせん るおんと

- 幌加内町政和第一
- 0165-37-2070
- JR士別駅から車で約40分
- 大人500円(中学生以上)、小学生 250円、幼児 無料
- 10時〜21時(最終受付20時30分)、水曜定休

スパ&ホテルリゾート ふらのラテール

- 中富良野町東1線北18号
- 0167-39-3100
- JR旭川駅から車で約1時間
- 1泊2食(税サ込):大人13000円〜
  日帰り入浴:大人(13歳以上)980円、小人(4歳〜12歳)500円、3歳以下無料
- 10時〜22時(最終受付21時)
- ※ 男女入れ替え施設

ハイランド ふらの

- 富良野市島ノ下
- 0167-22-5700
- JR富良野駅から車で約15分
- 1泊2食(税サ込・入湯税150円込):大人8000円〜
  日帰り入浴:大人 650円、中学生 410円、小学生 260円、小学生未満無料
- 6時〜23時(入浴受付22時)、無休
- ※ 春と秋にメンテナンス休館あり

なよろ温泉サンピラー
なよろおんせんさんぴらー

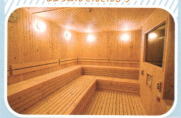

- 名寄市日進
- 01654-2-2131
- JR名寄駅から車で約15分
- 1泊2食(税サ込):大人8200円〜(1室2人の場合)
  日帰り入浴:大人500円、小人250円、幼児無料
- 10時〜22時(受付終了21時、第3月曜のみ17時〜)

ラビスタ大雪山
らびすただいせつざん

- 🏠 東川町1418
- 📞 0166-97-2323
- 📍 JR旭川駅から車で約1時間
- 💴 1泊2食(税サ込)18300円〜(時期やプランにより変動あり)
  日帰り入浴:不可
- ※ JR旭川駅などから送迎あり
  (冬季限定・要予約)

ラビスタ富良野ヒルズ
らびすたふらのひるず

- 🏠 富良野市朝日町5-14
- 📞 0167-23-8666
- 📍 JR富良野駅から徒歩約3分
- 💴 1室2名利用1泊素泊まり(税サ込)7150円〜
  (時期やプランにより変動あり)
  日帰り入浴:不可

ドーミーイン旭川
どーみーいんあさひかわ

- 🏠 旭川市五条通6丁目964-1
- 📞 0166-27-5489
- 📍 JR旭川駅から車で約2分
- 💴 1室2名利用1泊素泊まり(税サ込)4000円〜
  (時期やプランにより変動あり)
  日帰り入浴:不可

朝陽亭
ちょうようてい

- 🏠 上川町層雲峡温泉
- 📞 0570-026-572
- 📍 層雲峡バスターミナルから徒歩約7分
- 💴 1泊2食(税サ込)16500円〜
  日帰り入浴:大人1200円、小人600円
- 🕐 13時〜20時(最終受付19時)、無休

ホテルルートインGrand旭川駅前
ほてるるーといんぐらんどあさひかわえきまえ

- 旭川市宮下通8丁目1962-1
- 050-5847-7720
- JR旭川駅から徒歩約2分
- 1泊素泊まり(税込)8000円〜
  日帰り入浴:不可
- ※ 水風呂なし

男女とも1 / ミスト / ロウリュ / ロウリュ / ととのい / 外気浴

とままえ温泉 ふわっと
とままえおんせん ふわっと

- 苫前町苫前119-1
- 0164-64-2810
- 留萌市内から車で約50分
- 1泊2食(税サ込):大人8700円〜
  日帰り入浴:大人(中学生以上):500円
  　　　　　小人(小学生):250円
  　　　　　未就学児童:無料
- 10時30分〜22時、無休

男女とも1 / ミスト / ロウリュ / ロウリュ / ととのい / 外気浴

利尻富士温泉
りしりふじおんせん

- 利尻富士町鴛泊栄町227-1
- 0163-82-2388
- 鴛泊港から徒歩で約20分、車で約5分
- 大人(中学生以上)500円、
  中人(小学生)250円、
  小人(3歳以上小学就学前)150円、
  高齢者(70歳以上の島民)250円
- 12時〜21時、無休(11月〜4月は水曜休み)

男女とも1 / ミスト / ロウリュ / ロウリュ / ととのい / 外気浴

稚内市健康増進センター 稚内温泉 童夢
わっかないしけんこうぞうしんせんたー わっかないおんせんどうむ

- 稚内市富士見4-1487
- 0162-28-1160
- JR稚内駅から車で約20分
- 大人(高校生以上)600円、
  小人(小中学生)300円、
  幼児(小学生未満)100円
- 9時45分〜22時(最終受付21時30分)、
  不定休・毎月1回休み(4月・10月は3日間休み)

男女とも1 / ミスト / ロウリュ / ロウリュ / ととのい / 外気浴

ホテルめぐま

- 稚内市声問2-13-14
- 0162-26-2290
- JR稚内駅から車で約15分
- 1泊素泊まり(税込):大人:7000円〜
  日帰り入浴:大人(中学生以上)2000円、
  小学生1000円、未就学児無料
- 15時〜20時、日帰り不定休

ホテルWBFグランデ旭川
ほてるだぶりゅーびーえふぐらんであさひかわ

- 旭川市宮下通10-3-3 ホテルWBFグランデ旭川 2F
- 0166-29-4126
- JR旭川駅から徒歩約5分
- 2名1室1泊素泊まり1人7000円〜(税込・入湯税別)
  日帰り入浴:大人(中学生〜)1400円、小人(3歳〜)700円、小人(〜2歳)無料
- 10時〜23時 (最終受付22時)

アートホテル旭川
あーとほてるあさひかわ

- 旭川市7条通6丁目
- 0166-25-8822
- JR旭川駅から車で約5分
- 1泊素泊まり(税込)大人:8700円〜
  日帰り入浴:大人2260円(宿泊者は700円)、小学生1500円(宿泊者は500円)、未就学児無料
- 11時30分〜24時(最終受付23時)、無休

稚内グランドホテル
わっかないぐらんどほてる

- 稚内市大黒2丁目13-11
- 0162-22-4141
- JR南稚内駅から徒歩2分
- 1泊素泊まり(税込):12200円〜
  日帰り入浴:不可

新富良野プリンスホテル
しんふらのぷりんすほてる

　スキー客に人気のリゾート施設が、近年サウナでも注目を集めている。「紫彩の湯」のサウナは、北米の民家で使われていたというオールドパイン（マツの古材）を活用したログハウス風。パイン材は熱を取り込み、再び均一に放射する特性を持ち、熱をまろやかにする効果があり、三角錐から水滴がポタポタ落ちる珍しいオート式ロウリュとの組み合わせで、湿度も熱気もGOOD。

　サウナと同じ露天にある水風呂から外椅子へと移動すれば、幸せなととのいタイムはすぐそこ。木の温もりを感じられるパウダールームも女性客に好評。（新目）

🏠 富良野市中御料
📞 0167-22-1111
📍 JR富良野駅から車で10分
💴 1泊2食（2名1室、税サ込）：
　大人15409円〜
　日帰り入浴：不可

朝陽リゾートホテル
ちょうようりぞーとほてる

層雲峡温泉のなかでも、また北海道の温泉としてもあまりない、ひとつの宿に2種類の泉質の温泉を持つ朝陽リゾートホテル。サウナもまた、魅力的なのだ。

大浴場は男女別、夜間にのれんが入れ替わる「鳥の声」と「川の囁き」の2カ所がある。そのどちらにも設けているのは、窓越しに森林を眺める木とレンガで設えたサウナだ。

セルフロウリュができるので程よく湿度もコントロールでき、乾燥がつらい鼻粘膜や喉を守ってくれる。外気浴チェアがある露天も、山間の立地なので強風からは守られ、体に優しくクールダウンを堪能できそうだ。（小野寺）

- 上川町層雲峡温泉
- 0570-026-572
- JR旭川駅から車で約1時間20分
- 1泊2食（2人1室、税サ込）：大人15000円～
  日帰り入浴：大人1200円、小人600円
- 13時～20時（最終受付19時）
- ※ 男女入れ替え施設

吹上温泉保養センター 白銀荘
ふきあげおんせんほようせんたー　はくぎんそう

「北の聖地」と称賛され、全国の愛好者が「一度は行きたい」と願う北海道屈指のサウナスポット。人気の理由は、壁から天井までヒバ造りという香り豊かな内風呂（ヒバ浴槽、岩風呂、バイブラ付き寝湯など浴槽多彩）、源泉100％掛け流し・男女別の広い露天風呂（高温〜ぬるま湯の浴槽4種）という充実した入浴設備に加え、ロウリュ可能なヒバ造りのサウナ室、飲んでもおいしい十勝岳の湧き水を使用した水風呂という贅沢さにあり。

なお、ドラマ「サ道」をはじめ、数々のサウナ番組・雑誌で取り上げられる醍醐味の一つが水風呂代わりの「雪ダイブ」だが、実現にはふかふかの新雪が必須で、実際は痛いほど冷たいのを覚悟しよう。（新目）

- 上富良野町吹上温泉
- 0167-45-3251
- JR上富良野駅から町営バスで約30分
- 1泊素泊まり（税サ込）：大人3100円〜
  日帰り入浴：大人700円、中・高校生500円、小学生300円、未就学児無料
- 10時〜22時（最終受付21時）

ドーミーイン稚内
どーみーいんわっかない

こだわりのサウナサービスを展開するホテルチェーン・ドーミーイン。

男湯は防波堤ドーム、女湯は港が見える露天風呂もポイント高し。ドーミーインのサウナ愛は、公式サイト「ご当地お湯自慢」やDOMINISTYLE「サウナ部」といったコンテンツからも感じられる。ぜひチェックを。（新目）
※2024年10月1日〜12月24日まで休館

- 稚内市中央2-7-13
- 0162-24-5489
- JR稚内駅より徒歩2分
- 1室2名利用素泊まり（税サ込）：
  大人5350円〜（時期やプランにより変動あり）
  日帰り入浴：不可

森の雫　RIN
もりのしずく　りん

- 🏠 美瑛町白金温泉
- ☎ 0166-94-3111
- 📍 JR美瑛駅から車で約25分
- ¥ 1泊2食(税サ込)：大人12250円～
  日帰り入浴：大人1200円、小学生600円、
  　　　　　　幼児350円、3歳未満無料
- 🕐 11時00分～21時、無休

碧の美　ゆゆ
あおのび　ゆゆ

- 🏠 美瑛町白金温泉
- ☎ 0166-94-3333
- 📍 JR美瑛駅から車で約25分
- ¥ 1泊2食(税別)：大人15000円～
  日帰り入浴：大人1200円、小人600円、
  　　　　　　幼児350円
- 🕐 11時～20時

森の旅亭びえい
もりのりょていびえい

- 🏠 美瑛町白金10522-1
- ☎ 0166-68-1500
- 📍 JR美瑛駅から車で約25分
- ¥ 1泊2食(税サ込)：大人23650円～
  日帰り入浴：不可

五味温泉
ごみおんせん

- 🏠 下川町班渓2893
- ☎ 01655-4-3311
- 📍 JR名寄駅から車で約30分
- ¥ 1泊2食(税サ込)：大人8570円～
  (時季により変更あり)
  日帰り入浴：大人(中学生以上)500円、
  　　　　　　小人(5歳～小学生)300円、
  　　　　　　4歳以下無料
- 🕐 10時～21時30分(最終受付21時)、無休

旭川高砂台 万葉の湯
あさひかわたかさごだい　まんようのゆ

- 旭川市高砂台1丁目1-52
- 0166-62-8910
- 旭川鷹栖ICから車で約10分
- 全日マル得セット入館料：
  大人(中学生以上)1600円、
  小人(小学生)600円、小学生未満 無料
- 10時〜翌9時(内サウナ休止 翌2時〜翌9時)、
  ドライサウナ深夜2時まで、ミストサウナ24時まで、無休

男女とも1　男女とも1　ロウリュ　ロウリュ　ととのい　外気浴

東川・旭岳温泉 ホテルベアモンテ
ひがしかわあさひだけおんせん　ほてるべあもんて

- 東川町旭岳温泉
- 0166-97-2325
- JR旭川駅から車で約1時間
- 1泊2食(2名1室、税サ込)：大人18700円
  日帰り入浴：大人1140円、小人570円、
  小学生未満無料
- 12時30分〜19時
  (最終受付18時)、
  無休

男女とも1　男女とも1　男女とも1

ロウリュ　ロウリュ　ととのい　外気浴

杜のSPA 神楽
もりのすぱかぐら

- 旭川市神楽3条12-1-5
- 0166-60-2611
- JR旭川駅より車で約5分
- 大人(中学生以上)700円、
  小人(4歳〜12歳)300円、3歳以下無料
- 10時〜24時(最終受付23時)、無休

男2女1　女のみ1　ロウリュ　ロウリュ　ととのい　外気浴

オホーツクエリア

北こぶし知床 ホテル&リゾート
きたこぶししれとこ　ほてるあんどりぞーと

　2021年6月に誕生するや「流氷を見渡せるサウナ」として大評判に。「SAUNACHELIN（サウナシュラン）」で同年2位（歴代の道内施設トップ）、翌年4位、24年5位と3度ランクインするほど。

　ダイナミックな流氷をイメージした「KAKUUNA（カクウナ）」、木材を3D加工した流線形が美しい「UNEUNA（ウネウナ）」の2種があり（男女日替わり）、いずれもハルビアストーブのオートロウリュ付き。縦1.2メートル×横2.3メートルの大窓を設置した室内には流氷のこすれる環境音が流れるなど、こだわりの仕掛けが満載。清掃時間を利用したオフィシャル撮影タイムも人気。オホーツク海が一望できる夏も爽快だが、やっぱり流氷シーズンの2〜3月に訪れたい。（新目）

🏠 斜里町ウトロ東172
📞 0152-24-2021
📍 JR知床斜里駅から車で約40分
¥ 1泊2食(2人1室、税込、入湯税150円別)：大人28600円〜
　日帰り入浴：不可
🕐 男女入れ替え施設

KIKI知床 ナチュラルリゾート
ききしれとこなちゅらるりぞーと

　森のリゾートという施設コンセプトに合わせ、サウナで追求したのは「居心地の良さ」。結果、穴蔵をイメージした黒一色の「クロウナ」、一般的にはマナー違反とされる横姿勢OKの「ネウナ」、ヴィヒタでセルフウィスキングが楽しめる「ウィスキングサウナ」、日本では数少ないエストニア生まれの薪ストーブ「イグルーサウナ」という4種の新感覚サウナが集合。

　男女ともに水風呂の深さは120センチ。塩化物泉の優しい泉質の浴槽は2種の温度をそろえ、交代浴の組み合わせも自由自在。グループホテル「北こぶし知床ホテル&リゾート」の「流氷を見渡せるサウナ」と並ぶ、世界自然遺産・知床の熱いサウナスポットがまた一つ、誕生した。（新目）

🏠 斜里町ウトロ香川192
📞 0152-24-2104（平日10時～18時）
📍 JR知床斜里駅から車で約40分
🍴 1泊2食(2人1室、お部屋タイプお任せ、税込)：大人17600円～
　日帰り入浴：大人 2200円、小人（6歳～11歳）550円、幼児無料
🕐 7時～9時30分、15時～18時
　（20時までに退館）
※ 男女入れ替え施設

マウレ山荘 ポッケの湯
まうれさんそう ぽっけのゆ

薪ストーブの本格的なフィンランドサウナと温泉が、600円で存分に楽しめる丸瀬布のポッケの湯。スパリゾートのマウレ山荘がリニューアルをきっかけに日帰り入浴をやめたが、その代わりにとホテル近くに新設したのがここ。森に囲まれた露天エリアには冒頭のサウナ小屋と温泉風呂、水桶、外気浴用の椅子のみ。水風呂はない。

日本の多くの浴場ではサウナと水風呂はセットで設置するが、サウナ発祥国フィンランドでは浴後に人工的な水風呂に浸かる習慣はなく、湖や海が近ければ飛び込むものの、冷たいシャワーが一般的という。十分に体が温まったらサウナから出て、温泉か水で汗を流して体を拭いて、森の空気に身を浸したい。
（小野寺）

🏠 遠軽町丸瀬布上武利172
📞 0158-46-8039
📍 JR丸瀬布駅から車で15分
💴 1泊2食（税サ込み）大人20000円〜
　 日帰り入浴：大人600円、小学生300円
　 ※日帰り入浴＋ランチセット1500円
🕛 12時〜18時（最終受付17時30分）、無休

男女とも1　ミスト　ロウリュ　ロウリュ　ととのい　外気浴
　　　　　　　　　オート　セルフ

ホテルルートインGrand北見駅前
ほてるるーといんぐらんどきたみえきまえ

🏠 北見市大通西1丁目2-1
📞 050-5847-7503
📍 JR北見駅から徒歩約1分
💴 1泊朝食付（税込）：大人10300円〜、
　 素泊まり8800円〜
　 日帰り入浴：不可
※ 水風呂なし

男女とも1　ミスト　ロウリュ　ロウリュ　ととのい　外気浴
　　　　　　　　　オート　セルフ

たきのうえホテル渓谷
たきのうえほてるけいこく

- 🏠 滝上町元町
- 📞 0158-29-3399
- 📍 紋別空港から車で約40分
- 💴 1泊素泊まり(税込)大人8400円〜
  日帰り入浴:大人600円、小人300円、
  幼児無料
- 🕙 10時〜22時(最終受付21時)、無休

紋別プリンスホテル
もんべつぷりんすほてる

- 🏠 紋別市本町7-3-26
- 📞 0158-23-5411
- 📍 紋別空港から車で約12分
- 💴 1泊2食(税サ込):大人11000円〜
  日帰り入浴:不可

ドーミーイン北見
どーみーいんきたみ

- 🏠 北見市北4条西2丁目7-1
- 📞 0157-23-5489
- 📍 JR北見駅から徒歩約5分
- 💴 1室2名利用1泊素泊まり(税サ込):
  大人4650円〜
  日帰り入浴:不可
- ※ 2024年10月1日〜2025年1月5日まで休館・改装の予定。内容が変更になる可能性があります。そのため写真はイメージです。

ドーミーイン網走
どーみーいんあばしり

- 🏠 網走市南2条西3丁目1-1
- 📞 0152-45-5489
- 📍 JR網走駅より徒歩約10分
- 💴 1室2名利用1泊素泊まり(税サ込):
  大人4650円〜(時期やプランにより変動あり)
  日帰り入浴:不可

美白の湯宿 大江本家
びはくのゆやど おおえほんけ

- 🏠 北見市留辺蘂町温根湯温泉466-1
- 📞 0157-45-2511
- 📍 JR北見駅から車で約40分
- 💴 1泊2食(税込):大人12950円
  日帰り入浴:大人1200円、小人500円
- 🕐 14時~22時(受付終了21時)、土曜・連休など休止の場合あり

男女とも1 / ミスト / ロウリュ / ロウリュ / ととのい / 外気浴

のんたの湯
のんたのゆ

- 🏠 北見市端野町二区792-1
- 📞 0157-67-6111
- 📍 JR北見駅から車で約15分
- 💴 大人500円(中学生以上)、
  小人300円(4歳~小学生)、3歳以下無料
- 🕐 10時~22時、元日・春と秋のメンテナンス期間休み

偶数日女湯奇数日男湯 / 偶数日男湯奇数日女湯 / ロウリュ / ロウリュ / ととのい / 外気浴

ホテル網走湖荘
ほてるあばしりこそう

- 🏠 網走市呼人78
- 📞 0152-48-2311
- 📍 JR網走駅から車で約10分
- 💴 1泊2食(税サ込):大人10450円~
  日帰り入浴:大人1000円、
  0歳~小学生500円
- 🕐 13時~22時(最終受付21時)、無休

男女とも1 / ミスト / ロウリュ / ロウリュ / ととのい / 外気浴

知床第一ホテル
しれとこだいいちほてる

- 🏠 斜里町ウトロ香川306
- 📞 0152-24-2334
- 📍 ウトロ温泉バスターミナルから徒歩約20分
- 💴 1泊素泊まり(2名1室、税込み、入湯税150円別):大人10000円~
  日帰り入浴:大人(中学生以上)1250円、
  小人(5歳~小学生)800円
- 🕐 15時~17時、無休

男女とも1 / ミスト / ロウリュ / ロウリュ / ととのい / 外気浴

小清水温泉ふれあいセンター
こしみずおんせんふれあいせんたー

- 小清水町南町1丁目31番10号
- 0152-62-3020
- JR浜小清水駅から車で約15分
- 1泊2食(税サ込):大人9746円〜
  日帰り入浴:大人1名450円、小人1名150円、
  幼児 無料
- 10時〜22時、第3水曜休み

チューリップの湯
ちゅーりっぷのゆ

- 湧別町中湧別中町3020-1
- 01586-4-1126
- JR遠軽駅から車で約20分
- 大人(中学生以上)650円、
  小人(小学生)300円、未就学児無料
- 10時〜22時(12月〜3月は11時〜21時)
  ※入浴受付は1時間前まで、無休

ホテル日の出岬
ほてるひのでみさき

- 雄武町沢木346-3
- 0158-85-2626
- JR名寄駅から車で約1時間30分
- 1泊2食(税サ込):大人15300円〜
  日帰り入浴:大人750円、
  小人(4歳〜小学生)300円、
  3歳以下無料
- 12時〜21時30分(受付終了21時)、無休

大空町ふれあいセンターフロックス
おおぞらちょうふれあいせんたーふろっくす

- 大空町東藻琴387番地の9
- 0152-66-2070
- JR女満別駅から車で約20分
- 大人500円、中人150円、小人80円
- 11時〜22時(受付終了21時)、木曜定休

Legend Heat Wave Master

エレガント渡会氏に聞く レジェンド熱波師への道

熱波師

その名の通り〝日本一エレガントな熱波〟で
知られるレジェンド・エレガント渡会さん。
熱波師としての歩みや、
サウナへの熱い思いをたっぷり聞いた。
（聞き手 新目七恵、写真 石黒正之）

—— そもそもなぜ熱波師に？

「2009年に当時の勤め先・ニコーリフレ（※1）が熱波サービスを始めたのがきっかけです。全国的にまだ珍しく、道外施設で体験した上司が見よう見まねで実践するところからのスタートでした。私は29歳で、リフレで働き10年以上経っていましたが、『こんなサービスがあるんだ！』という新鮮な印象でした」

—— その頃から〝エレガントさ〟は意識されていたのですか？

「いいえ、全く（笑）。ただ、中途半端なものはお客様に提供できないという思いは常にあったので、一つひとつの動作を丁寧にやるようにしました。そんな中、私の熱波を浴びたサウナ王・太田広さん（※2）に『とてもエレガントだ』と感想をいただき、『マツコ＆有吉の怒り新党』という全国番組で三大熱波師の一人『エレガントな渡会君』として紹介してもらったのが30代半ば。その後、ととのえ親方（※3）に『〝エレガント渡会〟と名乗ったら？』とアドバイスをもらい、現在の熱波師名で名乗るようになったんです」

—— 今もサウナ界をけん引する2人が名付け親なのですね！ちなみに熱波の練習はどのように？

「まずは上司が作ったマニュアルを参考に練習し、お客様の前に立ちました。それでも最初のうちは緊張してやり方も下手なので、体力を無駄に消耗しましたね。リフレはお客様一人ずつにしっかり熱波を送るスタイルなので、たとえば30人いたら終わる頃にはもう倒れそうな状態（苦笑）。でも数か月して慣れてくると、ある程度余力を残して『おかわり』（※4）にも対応できるようになりました」

—— 特別な筋トレなどは？

「熱波師の体力は、意外とサウナの外ではつかないんです。休めば休むほどできなくなるので、毎日続けるのが上達のコツだと思います」

—— 2019年にはドラマ「サ道」（※5）に〝伝説の熱波師〟として出演されました。

「私の記憶では撮影2週間位前に打診いただき、嬉しいお話でしたが、慌てて仕事を調整しました。出演回は第4話でしたが、撮影はクランクイン初日。『こういう質問への回答を考えてきてください』という依頼でしたので、色々と考えて現場に行きました」

—— では、原田泰造さん演じる主人公・ナカタの質問「あなたにとってサウナは？」に対するあの返答は…。

「自分で考えたセリフです。緊張しましたけど、原田さんが雰囲気を和ますよう配慮してくれ、何とかうまくいきました」

—— 反響は大きかったのでは？

「『怒り新党』を見て、私目当てに来て下さる方はいたんですけれど、ドラマ放送後はそうしたお客様が劇的に増えました。ありがたかったですが、サインを求められることもあり、正

直恥ずかしかったです…」

—— 2023年4月には「湯の花」(※6)に転身され、ファンを驚かせました。

「コロナで時間的な余裕ができ、サウナ業界に25年勤めた経験を新しい場所で生かしたい思いが強まったのが理由の一つです。入社して初めて携わったサウナ室のリニューアルが、定山渓殿の和風大浴場。ストーブの選定からベンチ幅など細部の設計にも携わらせていただきました」

—— こだわったポイントは。

「マイルドだけれど湿度も暑さもしっかり感じられるサウナにしたかったので、1時間に3回のオートロウリュを導入。装置は、ものづくりの得意な湯の花の社員さんにオーダーメイドで作ってもらった自慢のシステムです！湿度を常に高く保てるよう、タイミングや水量、出方などを調整しました」

—— 2024年9月には全面プロデュースされたサウナ特化型の新施設「SAUNA Otaru arch」(P.002)もオープンしました！

「長年サウナに携わってきましたが、イチからサウナ施設をプロデュースするのは初めて。責任を感じつつ、非常にワクワクしながら取り組みました。有限なスペースの中で、より多くの方に喜んでいただけるにはどうしたら良いか、サウナ室と水風呂の数に特に悩んだ末、『4種のサウナと4種の水風呂』としました。それぞれが違う雰囲気で、温度・水温も異なります。まずは全部入っていただき、自分の好きな楽しみ方を見つけてもらえると嬉しいです。また、『小樽割』を設けているので、地元の皆さんに利用していただき、市外・道外の方も呼び込んでもらえれば、ここが新たな観光施設となり、『サウナに入るために小樽に来る』ようになったらいいなと思います。館内随所でコンセプトである『小樽』を感じていただき、小樽の街を好きになってもらい、また小樽に来てもらえるきっかけに、このサウナがなれば嬉しいです」

—— 「湯の花」の魅力をどう感じますか？

「まず温泉がいいですよね。各殿で泉質が違うので、湯巡りも『湯の花』だけでもできる。施設の造りが大きいのもいい。特に私が好きなのは2階の休憩室。昭和の雰囲気が残り、冬は床暖も入っているのでゴロゴロできる（笑）。長年多くのお客さまに愛されてきた歴史、古き良き部分を大切にしつつ、新しいものを取り入れていければと思っています」

—— 読者へメッセージを。

「今後も喜んでもらえるようなサウナ温浴施設やサービスを、『湯の花』を軸に増やしていきたいです。サウナは健康にいいので、もっとサウナを好きになってもらい、業界を外からも盛り上げていただければ嬉しいです！」

Profile

エレガント渡会

本名・渡会広志。株式会社Otaru arch顧問、天然温泉「湯の花」グループ顧問。TTNE「サウナシュラン」主催のサウナーオブザイヤー2018を受賞。フィンランド政府観光局の「フィンランドサウナアンバサダー」にも選出された。

※1 札幌・ススキノにある男性専用サウナ&カプセル施設。(P.036)
※2 400施設以上に関わった温浴事業・温浴施設経営コンサルタント
※3 出身地・札幌に訪れる人たちをサウナ好きに変えたサウナブーム仕掛け人の一人。(P.146)
※4 熱波のアンコール
※5 タナカカツキ氏の同名漫画の実写化ドラマ。2019年に第1シーズン、21年に第2シーズンが放送。ほか2023年までに4本スペシャル版が制作された
※6 道内4カ所に展開する温浴施設(P.054、P.066、P.071、P.072)

New generation Heat Wave Master
北海道の若き熱波師さん

月見湯ファミリー

『主役はお客様』をモットーに、お客様との掛け合いによる楽しい熱波を行っております。手作りの衣装にも注目を！スタッフと一緒に最高なサウナ空間を作り上げ、『ホームサウナは月見湯！』というサウナーさんをたくさん増やしたいです

エストレージャ洸
月見湯(P.049)専属

さやみじゅ
月見湯(P.049)専属

身長と比例しないパワフル熱波のさやかと、音楽に合わせて持ち前の笑顔を振りまくみじゅの最強コラボ熱波は、サウナ界隈で話題に

月見湯三姉妹
月見湯(P.049)専属

長女・りな、次女・みく、末っ子・らん。サウナブームを受け、なんと姉妹で熱波師に!?北海道各地の施設にお邪魔しています。「月見湯を守り抜くのに必死です！」

かほはるか
月見湯(P.049)専属

熱波をしながら皆様に歌を届けるかほと、ディズニー好きが高じてサ室内をディズニーランドにしてしまうはるか。夢いっぱいの熱波は、皆様の心を癒やすこと間違いなし！

北の国のサウナお兄さん
月見湯(P.049)専属

『月見湯の名を全国へ!!』という気持ちを胸に、熱波活動をしています。しっかりアツい風を音楽にのせて皆さんへお届けします。是非お越しください。押忍!!

ユメノマタ夢乃
おけと勝山温泉

置戸町地域おこし協力隊として2022年に着任し、おけと勝山温泉のサービスの一環として熱波イベントを行うため、熱波師になりました。オホーツクサウナクラブに所属し、「ユメノマタ夢乃」の熱波師名で、ホーム・おけと勝山温泉をはじめ、道内のイベントで活動しています

熱い風を送って効率的に発汗を促し、
より良いサウナ体験を届ける「熱波師」。
近年は機械で風を送るオート熱波も増えていますが、
やっぱり職人さんが送る生の熱波にはかないません！
北海道で頑張る新世代の熱波師さんをご紹介します。

湯屋・サーモンでは熱波料金の後払い制度を独自に導入。「熱波最高！」と思った人が100円を支払うと、熱波師への報酬になる仕組みだ

熱女ミク
湯屋・サーモン(P.053)、
フリー

片手技10分間で音楽も風も変化！強弱のある風と空間をお楽しみください！ちなみに、まだ20代です

ジャンク佐藤
湯屋・サーモン(P.053)、
フリー

おしゃべり熱波で、楽しく確実に、大粒の汗をかかせます。野球と競馬好きのジャンクワールドへいらっしゃい！

あやかた
湯屋・サーモン(P.053)、
フリー

アロマオイルやお茶のロウリュを使ったベーシックロウリュを行います。『ロウリュは貴方と私のデスマッチ』

麻雀熱波師熱虎
湯屋・サーモン(P.053)、
フリー

お客様全員と盛り上がれる"麻雀熱波"をしています。ぜひサウナ室でお会いしましょう！

熱ごり
湯屋・サーモン(P.053)、
フリー

優しい風、強い風の緩急をつけた熱波が自慢です！

華
湯屋・サーモン(P.053)、
フリー

皆様のサウナタイムに少しお邪魔して、1日の疲れをとる、いい香りと穏やかな風を吹かせます♪

未幸
湯屋・サーモン(P.053)、
フリー

『サウナタイムが癒やしになれたら良いな』という思いを込めて、包み込む風を作ります

構成：新目七恵
イラスト：ありとみ なつみ 作

Sauna Contents

（サウナコンテンツ）

UHB北海道文化放送が2020年にYouTubeと地上波で始めた「&sauna」。当初は北海道のサウナ施設を紹介する番組だったが、あれよあれよと支持を広げ、東北、北信越、関東、関西、九州の地元テレビ局員が"支部"となって各エリアをカバー。企業とコラボしたプロジェクトや番組ファンを巻き込んだコミュニティ作りなど、北海道発の大人気コンテンツはどんどん進化中！（新目七恵）

「&sauna」とは？

全国各地の素敵なサウナとその先に広がるカルチャーを探すサウナプロジェクト。「&」には「サウナの魅力を発信して可能性を広げる」という意味が込められている。

チャンネル登録者数 16.7万人（2024年10月時点）

「&sauna」を見たい！

YouTube「サウナチャンネル &sauna アンドサウナ」
ほぼ月・水・金に動画配信中

地上波ローカルのレギュラー放送
オリエンタルラジオ・藤森慎吾さんが出演の特番『&sauna presents 本日ととのえサウナ旅』も第9弾まで放送！

UHB北海道文化放送 毎週水曜21:54〜、
福島テレビ 毎週木曜20:54〜

ととのえ！サクマくん by &sauna
アニメもあるよ！
&saunaのYouTubeチャンネルで全11話公開中！

サウナをこよなく愛する、のんびり屋のクマ・サクマくん（番組キャラクター）の日常と、サウナに関する家族の謎を巡るショートストーリー、子どもも楽しめるサウナ用語クイズも。

「&sauna」に参加したい!

2024年3月、月額制のオンラインコミュニティ会員組織が発足! オフ会情報や限定動画、番組アイデアの募集など、サウナライフがますます充実する特典が盛りだくさん。

「&sauna」を買いたい!

サウナ後にオススメの
接触冷感加工のオリジナルTシャツ
シリコンロゴTee White×Black（6,600円）
※取り扱い／&sauna オンラインショップ

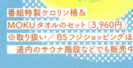

番組特製ケロリン桶＆
MOKUタオルのセット（3,960円）
※取り扱い／BSフジショッピングほか
　道内のサウナ施設などでも販売中!

使用後、濡れたサウナハットや
アメニティを持ち帰る目的のドライバッグ
ドライバッグ Pink／Yellow（3,300円）
※取り扱い／&sauna オンラインショップ

番組オリジナルグッズも色々!
「ととのえ! サクマくん
サクマくんぬいぐるみ」（3,300円）、
「HOW TO SAUNA キーホルダー」（550円）
※取り扱い／&sauna オンラインショップ

Sauna Hat

サウナハット

「サウナで十分に温まらない」「熱くてすぐ出てしまう」という方にこそ、かぶってほしいサウナハット。熱い空気が上にたまるサウナ室では、座った状態だと頭が一番熱くなるので、のぼせ防止や髪への熱ダメージ軽減に役立ちます。お気に入りのハットで、サウナタイムをより楽しく快適に！（新目七恵）

OMO7旭川 by 星野リゾート名物「どうぶつサウナハット」（各1万1,000円）

旭山動物園のある旭川・「サウナ プラトー」（P.112）で、親子でかぶればテンションMAX！？
「サウナ初心者から上級者まで、楽しいサウナ時間を過ごせます！」と
OMO7旭川 by 星野リゾートの広報担当者

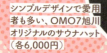

シンプルデザインで愛用者も多い、OMO7旭川オリジナルのサウナハット（各6,000円）

> Column
> **New Sauna Culture**

北海道から世界へ!
新・サウナ文化の発信地

「いつか行ってみたい」究極体験から「一度は参加してみたい」特別なイベントまで、サウナ文化を地域一丸となって盛り上げる取り組みをピックアップ。北海道発のサウナカルチャーをお見逃しなく！
（新目七恵）

> あの観光地で屋外サウナ!?

サウナの街さっぽろ
～Sauna City Sapporo～

2021年から始まった日本最大級の屋外サウナイベント。さっぽろテレビ塔やさっぽろ羊ヶ丘展望台、札幌ドームといった人気観光地を会場とし、自然豊かな都市・札幌の魅力をサウナで体感できるユニークな催しとして人気を集める。

📞 問い合わせ／札幌商工会議所国際・観光部国際交流・観光課（TEL：011-231-1330、平日9：00～17：30）

シャトレーゼガトーキングダム札幌（P.062）会場では施設の温泉やプールと組み合わせて利用でき、家族客も大満足！

さっぽろ羊ヶ丘展望台会場では、天然雪を浴びながらクールダウンするひとときも（2022年3月開催）

> 本場サウナで十勝の冬を満喫！

十勝「サ国（サウナ協和国）」プロジェクト

サウナにぴったりな自然がそろっていて、本場フィンランドの環境にも似ている十勝エリアでは2020年、サウナ施設などが連携して「十勝サウナ協議会」を設立。サウナパスポートを発行したり、フェスを開催したりして本場のサウナ文化と十勝特有のサウナ体験を発信している。オリジナルサ飯「ロウリュウチキン」を考案し、地元のバス・タクシー会社やサウナ小屋設計・施工会社も仲間に加えるなど、サウナを核にした地域活性化の取り組みは拡大中だ。

📞 問い合わせ／十勝サウナ協議会
（事務局・帯広観光コンベンション協会、TEL：0155-22-8600）

冬季限定の「アヴァント」は日本で唯一無二のサウナ体験として大評判

十勝地サイダー研究会とコラボしたサウナ専用サイダー「TOKACHI SAUNA SODA 37」も発売中！

> オホーツクを"整えの聖地"に

Okhotsk Sauna Club
（オホーツクサウナクラブ）

「サウナが好き！」——一人のサウナ偏愛者（OSC chairman 川邊雄治氏）が2018年、誰に頼まれたわけでもなく勝手に発足。今や北見市や周辺の市民約30人による愛好者グループとなり、「オホーツクサウナフェス」と掲げた屋外サウナ体験会などをオホーツク各地で開催するほか、「流氷サウナ」「ハッカサウナ」などの個性派サウナも提案。「ウェルカム宮」「モンスーン赤野」ら仲間の熱波師らを応援する取り組みも熱心で、道東のサウナシーンを愛好家目線で大いに沸かせている。

📞 問い合わせ／
オホーツクサウナクラブの公式インスタグラム（@okhotsk_sauna_club）などから

Mobile Sauna モバイルサウナ

自宅の庭で、キャンプ場で、イベント会場でサウナを楽しみたい！
——そんな声に応え、北海道ではテントサウナのほか、
車内を改造した〝バスサウナ〟やサウナ小屋搭載の〝サウナカー〟など
多種多様なスタイルが出現。
自然豊かな北海道は水風呂（＝湖や清流）＆外気浴の宝庫です。
ワイルドな屋外サウナをお試しあれ！（新目七恵）

テントサウナを手軽に！

SAUNA BASE

2022年3月に開業した札幌のテントサウナレンタル専門店。バレルサウナの販売・施工も含め、サウナ・アウトドア関連商品を幅広く取り扱う。

🏠 札幌市南区澄川6条13丁目7-45 1階
📞 問い合わせ／011-213-0185 (9:00〜17:30)

札幌の実店舗はカフェ併設！サウナ・スパ健康アドバイザーも在籍

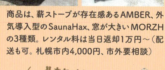

商品は、薪ストーブが存在感あるAMBER、外気導入型のSaunaHax、窓が大きいMORZHの3種類。レンタル料は当日返却1万円〜（配送も可。札幌市内4,000円、市外要相談）

炎が見える薪ストーブ

基本セットに含まれる備品一式

サウナ好きが高じて始まった店だけにカラフルなオリジナルグッズも！（アクリルキーホルダー800円〜、ロッカーキー風キーホルダー900円、オリジナルロゴ入りタオル800円）

軽トラ向けに
比重の軽い国産杉を使用!

大工職人が作る
本格派サウナカー

サウナあるじゃん

札幌の工務店・北友建設が手掛ける北海道発のサウナカー製作所。北国の伝統と職人の技術を駆使し、寒冷地・北海道仕様のサウナ小屋を提案する。

札幌市北区新琴似町775-10
問い合わせ／011-222-3553

2023年に完成したサウナカー。ベーシックモデルの販売価格は80万円（税別）、オーダーメイドも可。レンタルは1カ月3万7,315円〜（税別、金額は「サウナサイコー！」と読みます）

小樽・新保製作所の
サウナ用薪ストーブ

サウナストーンは
愛媛・菊間瓦製「鬼丸」

"人類総サウナー化計画"の第一歩!?

MOBILE SAUNA 03 TRUCK

広尾町の石山商店が2023年から始めた移動式フィンランドサウナカーのレンタルサービス。3代続く地域燃料店で現在もガソリンスタンドを運営する同店は、ブランド「sauna&soda UNCLE ZAKU」を社内に立ち上げ、サウナ専用サイダー「TOKACHI SAUNA SODA 37」(P.139)を販売。サウナレンタカーも「秘密裏に進行する人類総サウナー化計画の一環」だとか!?

📞 問い合わせ／0120-82-3105
(8:00～18:00、日曜休み)

サウナ室は高知杉の香り♪

薪ストーブにはサウナストーン20kgを装備し、セルフロウリュOK

利用者には「TOKACHI SAUNA SODA 37」を提供

4WD軽トラックに本格的フィンランドサウナを搭載。レンタル料は基本プラン・4時間1万円～

日本初のキャンピング"サウナ"バス

ととのえバス（当麻町）

キャンピングカー製作部門のある当麻町・トウマ電子工業が2021年、町森林組合、オーダーメイド木製品の制作などを手掛ける北央銘木×HOKUONといった地元中小企業とタッグを組み、わずか3カ月で完成させた。当麻町もタウンプロモーションの一環として、当麻山にある「とうまスポーツランドキャンプ場」にととのえバスを停めることができるプレミアムサイトを設置！（1日1組限定 1万5,000円、要予約）

乗車定員は9人、サウナ室は5人までOK!

📞 キャンプ場に関する問い合わせ／センターハウス 0166-84-3163

弟子屈の旅人と
町民の癒やし処

摩周バスサウナ

「弟子屈の新名所を」という思いから、弟子屈町のゲストハウス「TESHIKAGA HOSTEL MISATO」敷地内に2023年に誕生したバス型薪サウナ。見た目は普通のバスだが、ドアを開けると、薬草ハーブとヒノキの香りに包まれたサウナ室が広がる。

🏠 弟子屈町美里2丁目11-1
📞 問い合わせ／公式インスタグラムのDMから、050-1720-7240

〝摩周ブルー〟をイメージしたバス外観。料金は基本プラン・2時間3,300円、貸切1万9,800円（※冬季は日時限定・貸切のみ）

室内ベンチは摩周湖の形から着想を得た曲線型

オーガニック栽培のハーブ水もロウリュ

水風呂は1200Lの酪農用ミルクタンク！

内装には当麻町産トドマツを使用

ベッドや冷蔵庫などキャンピングカー機能も満載

レンタル料は24時間3万円（問い合わせ／トウマ電子工業 0166-84-2357）。当麻町ふるさと納税の返礼品にもラインアップ（11万円以上の寄付で24時間利用チケット）

Column

Sauna Sticker ステッカー

ドラマ「サ道」で、荒川良々演じるツルピカさんが大好きなサウナ施設のロゴシールをPCに貼っていた（しかもシールは自作だった！）エピソードがあるけれど、確かにステッカーは〝推し〟の証。サウナ愛好家・石黒正之氏のサウナステッカーコレクションの一部を、コメント付きでご紹介！

〝北の聖地〟に憧れ、小学生の息子と初の2人旅で宿泊。水風呂の蛇口から出る水のうまさに親子で感動した！（白銀荘、P.120）

サ飯や休憩といった〝アフターサウナ〟の喜びを初めて知ったのはニコーリフレ（P.036）。熱波を受けるベテラン客の掛け声（=愛あるヤジ？）にニヤリとさせられます

シールはイベント「三越伊勢丹サウナ館」とのコラボ

最深190cmの大型水風呂に飛び込んだら頭のてっぺんまで水に浸かり、一瞬焦りましたw（コンナサウナ、P.150）

帯広・ひまわり温泉（P.151）で出会った〝ご高齢の熱波師・GOGO刀根さん。汗だくの姿に思わず手を合わせました

エレガント渡会さんの湯の花顧問就任記念イベント最高でした！でも、サウナ王・太田広さんのクイズは難問だった…（湯の花 朝里殿、P.072）

月見湯好きが高じて、自宅ではロングTシャツも愛用！余談ですが、ある夜浴場で始まった男客同士のケンカをパシッと収めた番台のお姉さん、めっちゃ格好良かったです（月見湯、P.049）

サ室内に置かれた座面拭き専用タオルは客を信用している証拠。「一緒にサウナを作っている！」と思えるステキな施設です（湯屋・サーモン、P.053）

おふろcafé 星遊館（P.076）でゲット。サウナ施設が年々充実する空知エリア、万歳！

旭川・ニュー銀座サウナ（P.108）の酒樽水風呂は期待通りの爽快さ！

初参加したガトキン会場、水風呂（=プール）のでかさに脱帽！＆エンタメアウフグースも楽しめました♪ 一方、札幌ドーム会場は北海道コンサドーレ札幌選手の専用ロッカーが脱衣所で驚いた！（サウナの街さっぽろ、P.138）

リニューアルオープンの知らせに喜び勇んで向かったところ、水風呂を掛け湯と間違え、あまりの冷たさ（6℃）に飛び上がりました（ザ・センチュリオンサウナ レスト＆ステイ札幌、P.047）

新しいサウナに行く前の貴重な情報源！つきさむ温泉（P.050）の回が好きです（&sauna、P.134）

十勝しんむら牧場で手に入れたサウナブランド・サウナモンスターのロゴシール。ミルクサウナ（P.006）に入って実感。あの熱さには大型サウナハットが必要です！

2024年上半期のマイベストサウナはミルクサウナ（P.006）で決まり。十勝しんむら牧場、ありがとう！

星空＆早朝サウナを楽しむべく家族で宿泊。サ飯もマンガも堪能させていただきました♪ サ室90℃×水風呂16℃のセッティング、良き。（おふろcafé 星遊館、P.076）

道の駅おとふけで発見した2枚。北海道アヴァントはいつか入りたい！

ミルクサウナ（P.006）の水風呂、ウシがこの近距離はウソでしょと思いましたが、本当でしたw

ハーブ香るボタニカルサウナ、外気浴で眼前に広がる大海原…言うことなし！（岬の湯しゃこたん、P.073）

Column

TTNE

登別グランドホテル・鬼サウナ（P.080）、
北こぶし知床ホテル＆リゾート（P.124）、tower eleven onsen & sauna（P.069）、
サウナコタンサッポロ（P.048）といった話題のサウナを次々と世に送り出し、
1000人以上の経営者や著名人にサウナの魅力を広めたことから
「ととのえ親方」の呼び名を持つ札幌出身・松尾大氏。
彼が代表を務める「TTNE」とは？

TTNEとは… 「ととのえ親方」こと松尾氏と「サウナ師匠」こと秋山大輔氏が主宰するサウナクリエイティブ集団。オジサンのイメージが根強かったサウナをポジティブに変換しようと2017年に発足し、翌年株式会社を設立。多岐にわたる活動でサウナのリブランディングを進める。ちなみに、社名の語源は「ととのう」。

Rebranding 1

「SAUNACHELIN（サウナシュラン）」で
今行くべき全国の
サウナ11施設を表彰！

TTNEが提案したサウナの記念日
「ととのえの日」＝11月11日（日本記念日協会認定）に毎年発表

Rebranding 2

サウナー専門ブランド
「TTNE PRO SAUNNER」で
サウナ文化をスタイリッシュに

「SAUNA after SAUNA」
フーディー 1万1,000円

素材と性能にこだわった
高機能サウナハット
7,150円

「SAUNA after SAUNA」とは、ととのえ親方＆サウナ師匠が海外で1日に複数のサウナを回ることに驚いたフィンランド人から「クレイジーすぎる！Sauna after saunaだな！」と言われたことに由来

このほか、人気ファッションブランドとのコラボアイテムも

サウナ〜お風呂上りまで、サウナで味わうすべての時間がより豊かになる
サウナタオル 4,950円

Rebranding 3

世界初！「Harvia」の
グローバルアンバサダーに就任！

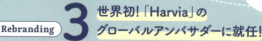

2023年3月、松尾氏＆秋山氏がフィンランド発の世界シェアナンバーワンブランド「Harvia（ハルビア）」のグローバルアンバサダーに就任。日本の家庭にサウナを導入する活動にも邁進中！

道東エリア

天然温泉　やよい乃湯
てんねんおんせんやよいのゆ

　温泉愛好家にもサウナファンにもたまらない一湯だ。大浴場は設えに大岩を多用した「岩屋乃湯」とヒノキの香る「木屋乃湯」の二カ所がある。1週間ごとに男女ののれんを入れ換える。どちらの浴場にも共通するのは、窓から露天を眺める開放感たっぷりのドライサウナ。内装にはヒノキ材と、遠赤外線効果等が期待される韓国チェジュ島の火山噴出物「チェジュスコリア」を用いている。温度の目安は男性93℃、女性は80℃ほどだが、ベンチが三段あり好みの温度でくつろげる。

　さらに「岩屋」側には、照明を押さえた落ち着いた雰囲気の「フィンランドサウナ」があり、ハルビアのストーブでオートロウリュを満喫できる。かたや「木屋」側には、50℃ほどに設定する「低温よもぎ蒸し風呂」があり、肌もしっとりと癒すことができる。（小野寺）

- 帯広市西18条南2丁目5-32
- 0155-66-4126
- JR帯広駅より車で約15分
- 大人500円、小人150円、幼児80円
- 10時〜23時、無休
- ※ 男女入れ替え施設

十勝ガーデンズホテル
とかちがーでんずほてる

　JR帯広駅から徒歩1分というアクセス抜群の立地で、十勝川温泉などと同じ天然のモール温泉が楽しめるビジネスホテル。男女ともにコンパクトなサウナ室があり、セルフロウリュOK。水やお湯の代わりにモール温泉をサウナストーンにかける「モーリュ」も体験できる。男性浴場には外気浴スペースを設け、ゆったりくつろげる椅子を用意。女性浴場内にもととのい椅子を置くなど、帯広の街のど真ん中で本場フィンランド式サウナの楽しみが味わえる環境作りがありがたい。

　大浴場にはタオルやアメニティが用意され、手ぶらで入浴できる便利さもポイント。日帰り利用も可能なので、十勝のサウナ巡りの起終点にしたい要チェックのサウナスポットといえそうだ。（新目）

🏠 帯広市西2条南11丁目16
📞 0155-26-5555
📍 JR帯広駅より徒歩1分
💴 1泊素泊まり(税サ込)：
　大人4400円〜
　日帰り入浴：中学生以上
　1000円、22時以降1200円、
　小人(小学生以上)500円、
　22時以降600円、
　小学生未満無料
🕐 5時30分〜10時、
　14時〜26時

5737（コンナサウナ）
こんなさうな

十勝の市街地に2023年4月に誕生したコンテナサウナ専門の常設施設。4,500㎡の敷地中央部にはプールのような大型水風呂（最深190センチ）が構え、それをぐるりと囲むように6基のコンテナサウナが並ぶ。各サウナ室にはフィンランドのハルビア、エストニアのフーム、長野県・モキ製作所の茂暖（モダン）という多種多様な3カ国の薪サウナストーブが設置され、すべてセルフロウリュOK！

水着着用で男女共用・時間無制限のため、わいわい楽しむグループ利用や親子客も。貸し切り専用のコンテナサウナも4基用意。薪ストーブサウナ＆コンテナサウナの最前線に触れられる絶好スポットとして注目を集めている。（新目）

- 🏠 帯広市西17条南6-1-5
- 📞 0155-66-7807
- 📍 JR帯広駅から車で10分
- 💴 大人3000円、高校生2500円、中学生2000円、小学生1000円※冬季料金、十勝管内在住者料金あり、貸切棟：10000円（3時間、4人まで）
- 🕐 11時〜23時（最終入館22時）、第3木曜定休

男女共用1　ミスト　ロウリュ　ロウリュ　ととのい　外気浴

プレミアホテル -CABIN- 帯広
ぷれみあほてる-きゃびん-おびひろ

帯広駅前のビジネスホテルとは思えないほど広い大浴場内に本格サウナを設置。美肌・疲労回復効果に優れた天然モール温泉も自慢で、サウナの前後に浸かれば、旅の疲れも一気に吹き飛ぶはず。露天風呂も完備。（新目）

- 🏠 帯広市西1南11
- 📞 0155-66-4205
- 📍 JR帯広駅から徒歩3分
- 💴 1泊素泊まり（税サ込）：大人6800円〜
  日帰り入浴：大人タオル付1200円、タオルなし1000円、小学生600円、未就学児無料
- 🕐 14時〜23時（最終入場22時）

男女とも1　ミスト　ロウリュ　ロウリュ　ととのい　外気浴

ひまわり温泉
ひまわりおんせん

　アニメの人気キャラクターのモノマネをはじめ、個性的な熱波サービスが話題を集める日帰り温泉。熱波を始めたのは2020年で、施設運営を任された吉田泰人支配人が自ら「モノマネっぱ〜吉田」を名乗って登場。「ガンジーモト」「ウェルカム宮」など、今や施設スタッフら10人が熱波師となり、多彩なスタイルで来館者を楽しませている。男女の各サウナ室（もちろんロウリュOK）は最大25人が入れる広さ。

　日高山脈の伏流水を使った水風呂は15℃前後。露天風呂の外気浴スペースにはインフィニティチェアや色々なととのいすを用意。休憩スペースで味わえるサ飯メニューや十勝地サイダーも充実。熱波師写真がお出迎えするロビーから、ワクワクが止まらない！（新目）

- 帯広市西11条南32-7-2
- 0155-48-4238
- JR帯広駅から車で13分
- 大人490円、学生料金400円、小学生150円、幼児80円
- 11時〜23時（土・日曜は23時30分）、無休

ローマの泉
ろーまのいずみ

　貸し切りのファミリーサウナ3室がある家族風呂。1976年開業時の雰囲気をそのまま残すノスタルジックさと、源泉かけ流しのモール泉が帯広市内で満喫できるのが魅力で、常連の市民客から観光客まで人気を集める。気になるサウナ付き家族風呂は、タイル張りのレトロな趣。浴槽は珍しい四分円形で、モール泉と水風呂に仕切られている。

　サウナ室はロウリュ不可だが、こじんまりしている分、熱を感じやすく、爆汗に期待。着替えスペースで内気浴したら、1階の大衆食堂でラーメンやご飯ものなど庶民派メニューをがっつり味わいたい。なお、ファミリーサウナは個室料金で男女利用可。バスタオル2組とシャンプー・リンス付きなので、手ぶらで来てもOKだ。（新目）

- 帯広市東9条南12-4-2
- 0155-25-5202
- JR帯広駅から車で6分
- ファミリーサウナ1室（60分）2200円、ファミリーバス（60分）大人700円、小学生270円、幼児110円
- 11時〜23時、第2水曜定休

丸美ヶ丘温泉
まるみがおかおんせん

　小高い丘の中腹に佇む閑静な湯宿。浴場の一角に、少し珍しいサウナがある。トロン鉱石を使用した約50℃の乾式サウナだ。利用するにはフロントで販売する汗を通さないシート（2回目以降も利用可）と、その上に敷くバスタオルが必要。水風呂はない。日本の標準的なサウナシステムと比べるとなかなかに個性的だ。設置は18年ほど前。地域の皆さまへの恩返し、健康管理に役立てて欲しいーとの思いだったそう。

　ベンチは一段。50℃ほどの室内なので熱さや息苦しさ、肌の乾燥も感じないが、やがて自然な発汗が始まる。

　浴後はシャワーで汗を流して、脱衣所でクールダウンするもよし、一呼吸おいて38℃のぬる湯に包まれるのもよし。心穏やかに癒されたい。（小野寺）

🏠 音更町宝来本通6-2
📞 0155-31-6161
📍 JR帯広駅より車で約10分
¥ 1泊素泊まり(2名1室、税込)：
　大人5000円〜
　日帰り入浴：大人500円、
　　　　　　　小学生100円、
　　　　　　　幼児無料
🕙 10時〜23時(最終受付22時)

十勝川モール温泉　清寂房
とかちがわもーるおんせん　せいじゃくぼう

　十勝川温泉に佇むデザイン性に優れた旅館。独立性の高い客室は全室50平米以上あり、かけ流しのモール温泉とテラスを備える。共有部の大浴場も洗練されている。高い位置から自然光を取り込む露天、間接照明も美しい主浴槽と水風呂、そして足元照明がほんのり灯る、セルフロウリュが可能なサウナ。ゆったりしたベンチは三段あり、好みの温度と湿度でくつろげる。水風呂も22度程と体に優しい。（小野寺）

🏠 音更町十勝川温泉南16丁目1番地19
📞 0155-65-0805
📍 音更帯広ICから車で約30分、帯広空港から車で約40分
💴 1泊2食（税込）：大人47300円〜（2人で宿泊の場合の1人の料金）
　日帰り入浴：不可

男女とも1　ミスト　ロウリュ　ロウリュ　ととのい　外気浴

十勝川温泉 観月苑
とかちがわおんせん　かんげつえん

　十勝川温泉の中で、いち早くロウリュのできるフィンランド式サウナを導入した1951年創業の老舗温泉宿。サ室の座面は3段でシラカバのヴィヒタあり。外気浴コーナーにはデッキチェアが用意され、十勝川や日高山脈が眼前に広がる絶好のロケーションが楽しめる。
　こうした"観月苑サウナ"の魅力を知ってもらおうと、宿の公式YouTubeチャンネル「FUNファンかんげつ」ではスタッフがサウナの入り方を指南。その動画によると、冬の水風呂はなんと8℃！外気浴ではモール泉を入れた桶で足湯しながらととのうのがお薦めだそう。ここならではの景観をプライベート空間で楽しめるサウナ付き客室も人気だ。（新目）

🏠 音更町十勝川温泉南14丁目2
📞 0155-46-2001
📍 JR帯広駅から車で約20分
💴 1泊2食（税サ込）：大人17750円〜
　日帰り入浴：大人（中学生以上）1800円、子供（1歳〜小学生）500円
🕐 5時〜8時、13時〜21時※土曜や大型連休時などは時間変更あり

男女とも1　ミスト　ロウリュ　ロウリュ　ととのい　外気浴

十勝エアポートスパ そら
とかちえあぽーとそら

　中札内村にあるグランピングリゾート・フェーリエンドルフの敷地内に、2022年7月にオープンした温浴施設。男性サウナはセルフロウリュができるフィンランド式と、淡い光が心を落ち着かせるメディテーション（オートロウリュ付き）の2つ。女性サウナは1つだが、オートロウリュ付きのハルビアストーブが2つ並び、4段ある座面は広めで満足度は高い。

　札内川の伏流水を使った水風呂は15℃前後。外気浴スペースには人工芝が敷かれており、マットを敷いて寝転ぶことができ、森林浴で多幸感アップ。湯は帯広・ふく井ホテルから毎日直送している天然モール温泉。とかち帯広空港から車で約15分の距離にあり、「空港利用者にも足を運んでほしい」との思いがネーミングに込められている。（新目）

- 中札内村南常盤東5線286
- 0155-67-5959
- JR帯広駅から車で40分
- 1000円
- 7時〜22時、年中無休

湯宿 くったり温泉レイク・イン
ゆやどくったりおんせんれいく・いん

　新得町市街から約14キロ、自然豊かな屈足湖畔にある温泉宿。男女ともにセルフロウリュできるフィンランド式サウナ、深さのある水風呂、不感の湯を完備。2023年にはサウナ付きのプライベートヴィラも誕生。冬場は凍った湖を利用した「アヴァント」の受付場所にもなる。(新目)

🏠 新得町屈足808
📞 0156-65-2141
📍 JR新得駅から車で20分
¥ 1泊2食(税サ込):大人10500円〜
　日帰り入浴:大人900円、小学生400円、
　幼児無料※新得町民料金あり
🕐 14時〜22時(最終受付21時)

ニュー阿寒ホテル
にゅーあかんほてる

　阿寒湖を臨む絶景が自慢のリゾートホテル。その見事な眺望は9階大浴場にあるサウナ室からも楽しむことができる上、セルフロウリュに使うアロマ水が「阿寒の森」をイメージしたホテルオリジナルとあって、ここならではの芳香浴目当てに訪れる愛好家も多い。

　サ室は80〜90℃のドライ式で、熱を逃がさない二重扉仕様。雌阿寒岳に降り注いだ雨や雪がじっくり濾過され、湧き出たという名水「くしろ阿寒百年水」がなみなみと注がれたリッチな水風呂で急冷したら、そそくさと外気浴へ移動しよう。眼前に広がる阿寒の大自然との一体感にしびれながらリラックスできる瞬間を体に刻みたい。2022年にはサウナフェスを独自に開催するなど、拡大し続けるサウナ界を盛り上げている。(新目)

🏠 釧路市阿寒町阿寒湖温泉2-8-8
📞 0154-67-2121
📍 JR釧路駅から車で約1時間20分
¥ 1泊2食(税サ込):大人13000円〜
　日帰り入浴:大人1300円、小人 650円
🕐 12時〜17時
　町内送迎あり(要予約)

天然温泉ふみぞの湯
てんねんおんせんふみぞのゆ

　メインの高温サウナは遠赤外線のガスヒーターでベンチは3段、「道東一」と言われる広さを誇る。設定温度は男性側で90℃から96℃ほど、女性側はそれより10℃ほど低め。折々に開催するユニークなロウリュイベントでは遠方からもファンが集い、有名熱波師のみならず宇佐美支配人も自ら気合を入れて巨大ウチワを操るそうだ。

　また、女性湯には、上部から霧雨というよりは雨のようにたっぷり降り注ぐ、42℃ほどのちょっと珍しいミストサウナもある。道東ドライブの合間にもホッとしに立ち寄りたいスポットだ。（小野寺）

🏠 釧路市文苑2丁目48-29
📞 0154-39-1126
📍 JR釧路駅から車で約10分
💴 大人(12歳以上)490円、中人(6歳〜12歳未満)150円、小人(0〜6歳未満)80円
🕐 10時〜23時(入浴終了22時50分)、無休

つるいむら湿原温泉ホテル
つるいむらしつげんおんせんほてる

　フィンランドで古くから愛され、日本でもポピュラーになりつつある丸い樽型サウナは、室内の熱を均一に保つことに優れている。ストーブはハルビア、室温は95℃前後を保ち、木の香りが豊かだ。セルフロウリュに使うのは、鶴居村の木でもある白樺のアロマ水。先客の女性に声をかけてサウナストーンにゆっくり水を回す。熱い蒸気が円い室内をめぐる。

　屋外に設えたサウナは、室外に出てすぐ外気を味わえるのもいい。露天エリアには水風呂と、外気浴用のリクライニングチェア、源泉かけ流しの風呂が揃う。かけ湯して汗を流し、好みの方法でクールダウンを。浴槽は温泉も水風呂も毎日全換水し、内部清掃して、どこにも負けない清潔さを保っている。（小野寺）

🏠 鶴居村鶴居東3-1
📞 0154-65-8840
📍 JR釧路駅から車で道道53号経由約40分
💴 1泊2食（税込）：大人15000円〜
日帰り入浴：大人800円、中学生600円、小学生500円、小学生未満100円
🕐 11時30分（土日祝11時）〜22時（最終受付21時30分）

TSURUI Sauna & Cabins
つるいさうなあんどきゃびんず

2023年1月、鶴居村に誕生した全棟薪ストーブサウナ付きの貸別荘。貸別荘は3棟あり、五角形が印象的な地元産カラマツを使ったサムライサウナ、ロシア製バレルサウナ、長野県・モキ製作所の巨大ストーブを搭載したオリジナルのガレージサウナをそれぞれ設置。全棟1日1組限定のため、24時間好きなタイミングでサウナに入り、セルフロウリュし放題。水風呂代わりに河川に浸かったり、シラカバ並木を眺めながらととのったりと贅沢でワイルドなアウトドアサウナが体験できる。（新目）

📍 たんちょう釧路空港から車で50分

マナミキャビン
まなみきゃびん

🏠 鶴居村字雪裡原野北28線西46-2
📞 070-8331-3212
💴 1泊2日（税込）：
44000円（4名まで同料金）、サウナ利用+5500円

FOX & CRANE Cabin
ふぉっくすあんどくれいん　きゃびん

🏠 鶴居村支雪裡字雪裡原野652-7
📞 070-8331-3212
💴 一棟貸切宿泊（税込）：
55000円～、サウナ利用+5500円

ガレージサウナ
がれーじさうな

🏠 鶴居村雪裡原野北29線西52-6
📞 070-8331-3212
💴 宿泊料金（税込）：
1泊22000円～（2泊以上から）

湯宿だいいち
ゆやどだいいち

　閑静な湯宿の野趣あふれる浴場に新たに加わったのが、サウナ浴だ。かねてから評判の古風な源泉蒸し風呂に加えて、内湯に設けたのは国産のヒバ材でまるごと設え、ハルビアストーブを置くフィンランドサウナ。男性側が四人がけ、女性側は二人がけと広くないぶんロウリュの蒸気のめぐり具合、湧き立つヒバの木香が芳醇だ。ベンチも三段あり、自分の好みの座面で落ち着ける。室温は男女とも85℃ほどに設定しているが、オートロウリュにより熱い蒸気がめぐるので、上段に座ればしっかり熱い。

　傍に設けた水風呂は、67℃ほどもある含石膏食塩泉の源泉を熱交換し、13℃から16℃ほどに整えた贅沢な源泉水風呂だ。水深110センチとたっぷり深く、体が心地よく引き締まる。（小野寺）

🏠 中標津町養老牛温泉518
📞 0153-78-2131
📍 中標津空港から車で約30分
💴 1泊2食（税込）:大人14960円〜
　　日帰り入浴:不可

屈斜路湖サウナ倶楽部
くっしゃろこさうなくらぶ

　屈斜路湖畔の静かな森に佇む、一棟貸しのプライベートサウナ。ここでは薪がはぜたり鳥がさざめく自然が奏でる音の中、親しい人と、あるいは自分と向き合う特別な時間が流れている。

　湯船はみっつ。ひとつ目の水風呂には10℃ほどの摩周湖の伏流水を。さらにこの地に湧く源泉を、内風呂と露天風呂にそのままかけ流している。

　サウナ室はほの暗く、室温の加減は自身で薪を焚き付けて調整する。薪の香り、炎の色とぬくもり…心がしんと鎮まっていく。露天エリアには高さ1m70cmもの巨大木樽の浴槽に澄み切った伏流水があふれ、汗を流してなお火照り続ける体をゆったりと迎え入れる。上質の源泉風呂は、サウナ前のウォームアップにも良し、仕上げに化粧水のように体にまとわせてから上がるも良し。（小野寺）

🏠 弟子屈町美留和1-33
📞 050-3171-8597
📍 JR摩周駅から車で約25分
💴 素泊まり（税込）:1棟貸し（9人まで）110000円
　日帰り入浴（税込）:1棟2時間貸切り19800円
🕐 2時間交代制（10時〜12時・13時〜15時・16時〜18時）
※ 要予約

ホテルモアン
ほてるもあん

　ホテル名は地元のアイヌ語由来の山「モアン山」から。「モ」(静かな)、「アン」(ある) という語源のような居心地の良いホテルに、と名付けたそうだ。地元客も通う日帰り利用可能な浴場は、42℃程のあつ湯、38℃程のぬる湯、85℃前後の乾式サウナ、17℃前後の水風呂、そして露天には40℃ほどの石組みの風呂と外気浴用の椅子が配置されている。水風呂以外の湯船には柔らかな食塩泉が注がれ、サウナ前に軽くウォームアップするにもいい。

　サウナ室はこぢんまりとしているがベンチは二段あり、好みの温度に入り分けられる。サウナ入り口付近にはマット置き場とともに大壺の掛け湯もあり、サウナ後にいきなり冷水を使わず、温水で汗を流して水風呂に浸かったり外気浴するにも良さそうだ。(小野寺)

🏠 中標津町東25条南2丁目2
📞 0153-74-0111
📍 中標津空港から車で約10分
💴 1泊素泊まり(税込):大人6800円〜
　日帰り入浴:大人600円、中学生500円、小学生300円、幼児1歳以上200円
🕐 15時〜22時30分(受付終了22時)

男女とも1　ミスト　ロウリュ　ロウリュ　ととのい　外気浴

あかん遊久の里 鶴雅
あかんゆくのさと　つるが

　360°全面ガラス張り!日本初の「ドーム型展望サウナ」を2022年末に導入した阿寒湖温泉の高級旅館。展望サウナは高さ2.8m×直径3.5mで定員は大人8人。球体面にはペアガラスによる特殊加工が施され、常にクリアな状態なので、昼は澄んだ青空、夜は満天の星空といった阿寒の大自然に包み込まれる感覚が味わえる。

　唯一無二のサウナ施設を監修したのは、あの「しきじの娘」ことサウナ美容家・笹野美紀恵さんと知って拍手!1階と8階の大浴場内サウナもリニューアルされ、照明や香り、湿度、デザインなどにこだわった本格的なフィンランド式が楽しめるように。ミネラル豊富な阿寒溶岩石をサウナヒーターそばに置くなど、細部まで工夫が凝らされている。(新目)

🏠 釧路市阿寒町阿寒湖温泉4-6-10
📞 0154-67-4000
📍 JR釧路駅から車で約1時間20分
💴 1泊2食(税込入湯税込):大人17850円〜、日帰り入浴:大人2500円、子供(4歳〜小学6年生)1500円、幼児500円
🕐 14時〜18時(最終入場15時)
※ 日帰り入浴は月〜金曜の平日。土日祝および特定日は利用不可

男女とも1　ミスト　ロウリュ　ロウリュ　ととのい　外気浴

十勝幕別温泉 グランヴィリオホテル
とかちまくべつおんせん ぐらんゔぃりおほてる

- 🏠 幕別町依田384-1
- 📞 0155-56-2121
- 📍 JR札内駅から車で約5分
- 💴 1泊2食(税込):大人11150円〜
  日帰り入浴:大人950円、小人500円
- 🕐 平日11時〜23時・土日祝10時〜24時
  ※最終受付1時間前、無休

十勝ナウマン温泉ホテル アルコ
とかちなうまんおんせんほてるあるこ

- 🏠 幕別町忠類白銀町384-1
- 📞 01558-8-3111
- 📍 JR帯広駅から車で約50分
- 💴 1泊2食(税サ込):大人11000円〜
  日帰り入浴:大人600円、小学生300円、
  幼児無料
- 🕐 5時〜8時30分、11時〜21時30分
  ※30分前最終受付、無休

ホテルルートイン帯広駅前
ほてるるーといんおびひろえきまえ

- 🏠 帯広市西3条南11丁目8
- 📞 0155-28-7200
- 📍 JR帯広駅から徒歩約2分
- 💴 1泊朝食付き(税込):大人6250円〜
  日帰り入浴:不可
- ※ 水風呂なし

ホテル大平原
ほてるだいへいげん

- 🏠 音更町十勝川温泉南15丁目1
- 📞 0155-46-2121
- 📍 JR帯広駅から車で約20分
- 💴 1泊2食(税サ込)10050円〜
  日帰り入浴:大人(中学生以上)1000円、
  小人(3歳以上)500円、
  3歳未満無料
- 🕐 15時(土日・祝日13時〜)〜21時、無休

上士幌町健康増進センター
かみしほろちょうけんこうぞうしんせんたー

- 上士幌町上士幌東3線236
- 01564-2-4128
- JR帯広駅から車で約50分
- 大人300円、小学生100円、6歳未満無料
- 14時(土・日・祝日13時～)～22時、第1・3月曜日休み

男女とも1　ミスト　オート　セルフ　ととのい　外気浴

山花温泉リフレ
やまはなおんせんりふれ

- 釧路市山花14線131
- 0154-56-2233
- 阿寒ICから車で約10分
- 1泊2食(税サ込):大人9500円～
  日帰り入浴:大人(高校生以上)670円、
  中学生560円、
  小人(小学生)340円、
  未就学児無料
- 10時～21時(最終受付20時30分)、無休

偶数日女湯/奇数日男湯　偶数日男湯/奇数日女湯　ロウリュ　ロウリュ　ととのい　外気浴

美肌の湯 赤いベレー
びはだのゆ あかいべれー

- 釧路市阿寒町上阿寒23線36
- 0154-66-2330
- JR釧路駅から車で約45分
- 1泊2食(税サ込):大人8660円～
  ※季節により変動
  日帰り入浴:大人550円、中学420円、
  小人140円
- 10時～22時、無休
- ※ 施設内機器整備のための休館日あり

男女とも1　ミスト　オート　セルフ　ととのい　外気浴

川湯観光ホテル
かわゆかんこうほてる

- 弟子屈町 川湯温泉1-2-30
- 015-483-2121
- JR川湯温泉駅から車で約8分
- 1泊2食(税サ込):大人14280円～
  日帰り入浴:大人800円、小学生500円、
  弟子屈町民は大人350円、
  小学生200円
- 13時～21時(最終受付20時)、無休

男女とも1　ミスト　ロウリュ　ロウリュ　ととのい　外気浴

みどりヶ丘温泉サウナビジネスホテル
みどりがおかおんせん　さうなびじねすほてる

🏠 帯広市西12条南17丁目3
☎ 0155-22-6787
📍 JR帯広駅から車で約5分
💴 1泊2食（税サ込）：大人5720円～
　　日帰り入浴：大人1000円、小人500円
🕐 12時～21時、無休

男女とも1　ミスト　ロウリュ　ロウリュ　ととのい　外気浴

中村屋
なかむらや

🏠 上士幌町ぬかびら源泉郷
☎ 01564-4-2311
📍 JR帯広駅から車で約1時間20分
💴 1泊2食（税サ込）：大人12250円～
　　日帰り入浴：大人700円、小人400円、
　　幼児300円
🕐 7時30分～10時、14時～20時、
　　不定休（公式HP記載）

男女とも1　ミスト　ロウリュ　ロウリュ　ととのい　外気浴

糠平舘観光ホテル
ぬかびらかんかんこうほてる

🏠 上士幌町ぬかびら源泉郷北区48-1
☎ 01564-4-2210
📍 JR帯広駅から車で約1時間10分
💴 1泊2食（税サ込）：大人11000円～
　　（入湯税150円別）
　　日帰り入浴：大人（中学生以上）1000円、
　　小人（小学生以上）500円、
　　幼児（2歳以上）300円
🕐 11時30分～20時（最終入館19時）、無休

男女とも1　ミスト　ロウリュ　ロウリュ　ととのい　**外気浴**

笹井ホテル
ささいほてる

🏠 音更町十勝川温泉北15丁目1
☎ 0155-46-2211
📍 JR帯広駅から車で約20分
💴 1泊2食（税サ込）：大人14652円～
　　日帰り入浴：大人1000円、小人500円
🕐 13時～21時、無休

男女とも1　ミスト　ロウリュ　ロウリュ　ととのい　外気浴

健康ハウス 木野温泉
けんこうはうす きのおんせん

- 音更町木野大通東10-6
- 0155-31-7788
- JR帯広駅から車で約10分
- 大人(中学生以上)600円、
  小人(3歳〜小学生)300円、幼児無料
- 11時〜23時、無休

帯広リゾートホテル
おびひろりぞーとほてる

- 音更町字東和西3線71
- 0155-42-2220
- JR帯広駅から車で約30分
- 1泊2食(税込):大人8500円〜
  日帰り入浴:大人(中学生以上)500円、
  小学生250円、幼児無料
- 10時〜22時、無休

新得町営浴場
しんとくちょうえいよくじょう

- 新得町本通南1-21
- 0156-64-4156
- JR新得駅から徒歩約3分
- 大人490円、
  中人(6歳以上、12歳未満)150円、
  小人(3歳以上6歳未満)80円、
  サウナ520円(水曜:女性、水曜以外:男性)
- 14時〜21時30分、1月1日、2日定休

晩成温泉
ばんせいおんせん

- 大樹町晩成
- 01558-7-8161
- JR帯広駅より車で約1時間10分
- 晩成の宿1泊素泊まり(税サ込):大人5000円
  +夕食1400円(朝食は無料)
  日帰り入浴:大人 500円、学生 300円、
    小学生 200円
    (バスタオル、小タオル付き)
- 9時〜21時(最終受付20時)、4月・9月無休、10月〜3月火曜定休

羅臼の宿 まるみ
らうすのやどまるみ

- 羅臼町八木浜町24
- 0153-88-1313
- JR釧路駅から車で約1時間20分
- 1泊2食(税サ込)：大人13000円〜
  日帰り入浴：大人(中学生以上) 600円、
  　　　　　　小人(小学生) 300円、
  　　　　　　幼児(幼稚園児以下)無料
- 14時〜20時、無休

ドーミーイン帯広
どーみーいんおびひろ

- 帯広市西二条南9-11-1
- 0155-21-5489
- JR帯広駅から徒歩3分
- 2名1室利用1泊素泊まり(税込)：
  大人4150円〜(時期やプランにより変動あり)
  日帰り入浴不可

霧多布温泉ゆうゆ
きりたっぷおんせんゆうゆ

- 浜中町湯沸432
- 0153-62-3726
- JR茶内駅から車で約10分
- 大人(中学生以上)500円、小人(小学生)
  250円、未就学児無料
- 10時〜21時30分
- ※ 男女入れ替え施設

鶴居ノーザンビレッジ HOTEL TAITO
つるいのーざんびれっじ ほてるたいとー

- 鶴居村鶴居西1-5
- 0154-64-3111
- JR釧路駅から車で約50分
- 1泊2食(税込)：大人13450円〜
  日帰り入浴：大人700円、中学生500円、
  　　　　　　小学生400円、小学生未満100円
- 11時〜22時(日曜・祝日10時〜)
  ※最終受付21時30分、無休

ラビスタ阿寒川
らびすたあかんがわ

- 釧路市阿寒町オクルシュペ3の1
- 0154-67-5566
- 阿寒湖バスセンターから車で約5分
- 1泊2食(税サ込):大人19000円〜(時期やプランにより変動あり)
  日帰り入浴:不可

ドーミーインPREMIUM釧路
どーみーいんぷれみあむくしろ

- 釧路市北大通2-1
- 0154-31-5489
- JR釧路駅から徒歩約9分
- 1室2名利用1泊素泊まり(税込):
  大人5150円〜(時期やプランにより変動あり)
  日帰り入浴:不可

トーヨーグランドホテル

- 中標津町東20北1
- 0153-73-1234
- 中標津空港より車で約7分
- 1泊素泊まり(税サ込):大人:7900円〜
  日帰り入浴:大人(中学生以上)600円、
  小人(3歳〜小学生)300円
- 10時〜23時(最終受付22時)、無休

石狩管内

定山渓温泉

札幌市街

Sauna Food

サ飯

サウナの後のお楽しみ＝〝サウナ飯（サ飯）〟。
汗で大量の水分やミネラルを排出した体に、
塩味多めのガッツリ系丼物やピリ辛麺が最高！
もちろんドリンク＆デザートも旨し。さぁ、召し上がれ。

根強い人気

バニラ　コーヒー　塩キャラメル

肉の旨味で
ペロリとイケる
「ニコーリフレ」（P.036）の
「リフレスタ丼」
（980円）

「湯屋・サーモン（P.053）」の
「自家製ソフトクリーム」（各320円）。
塩キャラメルは
フレンチシェフの直伝レシピで、
開業初期から根強い人気

しびれるほどの旨辛味がたまらない
「ニコーリフレ」（P.036）
「ダイナマイトロウリュ麺」
（990円）

「湯屋・サーモン」（P.053）の
「サーモンとろ丼」（720円）。
サウナの本場フィンランドでも
サーモンは定番の食材だ

OMO7旭川 by 星野
リゾートの「サウナプラ
トー」（P.112）では、旭
川市内の飲食店を「サ
飯MAP」として紹介

サウナの後に、
街へ繰り出すのも
楽しい♪

「湯屋・サーモン」（P.053）の
「冷やし焼き芋」と「焼き芋」（時価）は季節限定！

執筆者略歴

小野寺淳子（おのでら・あつこ）
旅行ジャーナリストとして国内外の取材を行う。また、札幌国際大学で教鞭をとり、「温泉学概論」などを担当。著書は『決定版 北海道の温泉まるごとガイド』『スイス温泉紀行』ほか多数。

新目七恵（あらため・ななえ）本文イラストも担当
映画好きライターとして、北海道ロケの作品を紹介するイラスト付きコラムを雑誌や新聞、Web媒体で執筆。サウナ好きが高じて、映画のサウナシーンにも注目中。

石黒正之（いしぐろ・まさゆき）
仕事の傍ら、サウナ愛好家として活動中。同い年の熱波師・エレガント渡会さんを〝推し〟ている。好みの水風呂の水温は16℃。

タカマツミキ
アウトドアライターとして、自身の経験をもとに、Webや雑誌などの媒体で取材＆執筆、新聞でアウトドアコラムを連載。サウナ・料理・三菱Jeep・カメラ・猫が好き。

編集　五十嵐裕揮

ブックデザイン　韮塚香織

今すぐ行きたい！北海道のサウナ

2024年12月24日 初版第1刷発行

編者　北海道新聞社
発行者　惣田　浩
発行所　北海道新聞社
　　　　〒060-8711 札幌市中央区大通東4丁目1
　　　　出版センター　011・210・5744
印刷　中西印刷株式会社

ISBN　978-4-86721-152-6　　本書の内容は2024年（令和6年）11月現在の情報です。